Édouard BLED
Directeur honoraire de collège à Paris

Odette BLED
Institutrice honoraire à Paris

Lauréats de l'Académie française

BLED
—— CE2 / CM ——

Orthographe   Conjugaison
Grammaire   Vocabulaire

Nouvelle édition 1998
assurée par Daniel Berlion
Inspecteur de l'Éducation nationale

HACHETTE
Éducation

Suivi éditorial : **Bertrand Louët.**
Création de la maquette et de la couverture : **Pascal Plottier.**
Réalisation technique en PAO : **Maxime Fargier.**

ISBN 2011161185
© **HACHETTE LIVRE 1998**
43, quai de Grenelle, 75905 Paris Cedex 15

I L EN EST de l'orthographe comme de bien d'autres disciplines, surtout lorsqu'il s'agit des commencements : si nous voulons atteindre l'objectif fixé, avec ce que cela implique d'efforts patients, persévérants et ordonnés, il faut procéder en adoptant une démarche qui va du simple au complexe ; comme le disaient Édouard et Odette Bled « hâtons-nous lentement ! ». Certes, cette manière de procéder n'est pas la seule mais dans le cas spécifique de l'orthographe, c'est elle qui — très pragmatiquement — donne les meilleurs résultats pour une majorité d'élèves.

C'est cette démarche qui fut adoptée par É. et O. Bled dans tous leurs ouvrages ; nous avons tenu à conserver cette ligne de conduite qui a assuré le succès de la collection. La rigueur, l'exhaustivité, la clarté de la présentation, la formidable somme d'exercices (plus de 700 pour cet ouvrage !) que l'élève doit aborder avec méthode et détermination, clé de ses progrès, nous en avons fait notre miel et tous les utilisateurs du *Bled* retrouveront ces qualités qui structurent un enseignement difficile pour le maître et long pour l'élève.

Alors pourquoi une refonte puisque la permanence de ces valeurs n'échappe à personne ?

En cinquante ans, les conditions d'enseignement ont changé, la didactique orthographique a mis en évidence certains faits — ils n'avaient, pour la plupart, pas échappé à É. et O. Bled (les procédés de nominalisation ou de substitution sur l'axe paradigmatique par exemple) — qui permettent de mieux soutenir l'effort de l'élève ; aussi avons-nous introduit une cohérence nouvelle en fonction des programmes d'enseignement. L'accent a été mis sur les difficultés figurant explicitement dans ces programmes même si des extensions seront systématiquement proposées car, sur de nombreux points, certains élèves sont à même de poursuivre leurs apprentissages à partir des bases qui leur sont données.
En somme, nous avons voulu offrir à l'élève le plus en difficulté un ouvrage qui lui permette de reprendre confiance, et, à l'élève le plus avancé dans ses apprentissages, une possibilité de perfectionner son orthographe.

Restait, bien sûr, le problème du vocabulaire. Les transformations, voire les bouleversements de notre vie quotidienne ont été tels depuis quelques années que tout en respectant, ici ou là, la nostalgie d'un monde rural et stable encore cher à certains, nous avons choisi de poursuivre résolument ce qui avait déjà été amorcé et de placer l'élève devant des situations qu'il rencontrera au cours de sa vie scolaire. La télévision, les cassettes vidéo, les moyens de transport, les modes alimentaires, les avancées technologiques, les voyages, le sport, bref tous les centres d'intérêt d'un enfant d'aujourd'hui, servent de support aux exemples.

La première partie de cet ouvrage permet à l'élève d'observer les mots et, à partir des classements qu'il effectuera, de construire des séries analogiques qui lui permettront l'intégration de nouveaux savoirs au cours de sa scolarité ... et de sa vie ! car c'est sur des bases solides que se constituent les meilleurs apprentissages.

Quant aux mots invariables qui appartiennent sans conteste au vocabulaire des élèves puisqu'ils représentent une part importante de leurs écrits, leur étude sera poursuivie selon les mêmes principes que ceux mis en œuvre dans le premier ouvrage de la collection : rencontres fréquentes, mise en évidence des analogies et réemplois dans des situations variées.

Pour l'orthographe grammaticale, nous suivons de près la progression de l'école élémentaire. L'élève sera, sans cesse, appelé à réfléchir et à rechercher la nature des mots. En effet, sans identification précise de celle-ci, il n'est pas possible d'appliquer correctement les règles qui président aux différents accords de la phrase.

Enfin, au fur et à mesure que les connaissances grammaticales se précisent, nous proposons des procédés et des exercices simples pour que soient évitées les erreurs fâcheuses dues aux homonymies.

L'étude de la conjugaison a une grande importance parce que le verbe est le mot essentiel de la proposition. L'élève doit se familiariser avec ses formes multiples, tant pour acquérir une bonne orthographe que pour construire des phrases correctes.

Comme il est indispensable de conduire l'étude de la conjugaison avec méthode, nous étudions les verbes en -er et en -ir aux temps principaux de l'indicatif : le présent, l'imparfait, le futur simple et le passé composé ; le passé simple sera réservé aux élèves les plus avancés dans leurs apprentissages.

Mais nombre de verbes parmi les plus usités ont des conjugaisons qui paraissent irrégulières. Néanmoins, il est impératif, puisque l'élève devra les employer tout au long de ses écrits, qu'ils soient étudiés avec le plus grand soin.

Les autres modes — conditionnel, subjonctif et impératif —, que l'élève rencontre au cours de ses lectures, feront l'objet d'une première approche, l'étude systématique étant réservée aux niveaux supérieurs.

Presque toutes les leçons s'achèvent par des séries de mots présentant des analogies phonétiques ou graphiques ; il est ainsi plus facile de reconnaître leur orthographe. Ces mots appartiennent au vocabulaire d'aujourd'hui.

À travers l'apprentissage de l'orthographe, c'est en fait la maîtrise de la langue que nous visons ; si l'élève est à l'école de la rigueur et de la correction, il sera progressivement conduit à être plus attentif à tous les problèmes que pose une expression personnelle, puisque c'est bien évidemment l'objectif ultime : **mettre l'orthographe au service de l'expression de l'élève.** C'est pourquoi nous avons placé, aussi souvent qu'il était possible, des exercices qui visent un réinvestissement, en situation d'écriture, des acquisitions orthographiques.

DANIEL BERLION

Sommaire

Sommaire

Sommaire

►Alphabet phonétique

consonnes		voyelles	
[b]	de bal	[a]	de patte
[d]	de dent	[a]	de pâte
[f]	de foire	[ã]	de clan
[g]	de gomme	[e]	de dé
[k]	de clé	[ɛ]	de belle
[l]	de lien	[ɛ̃]	de lin
[m]	de mer	[ə]	de demain
[n]	de nage	[i]	de gris
[ɲ]	de brugnon	[o]	de gros
[p]	de porte	[ɔ]	de corps
[ʀ]	de rire	[ɔ̃]	de long
[s]	de sang	[œ]	de leur
[ʃ]	de chien	[œ̃]	de brun
[t]	de train	[ø]	de deux
[v]	de voile	[u]	de fou
[z]	de zèbre	[y]	de pur
[ʒ]	de jeune		

semi-voyelles
(ou semi-consonnes)

[j] de fille
[ɥ] de huit
[w] de oui

Orthographe

Les sons br/pr cr/gr fr/vr dr/tr

la **br**ise   la **cr**ème   **fr**ais   le **dr**ame
le **pr**ix   la **gr**êle   **vr**ai   le **tr**avail

RÈGLE

Dans certaines syllabes, on entend deux consonnes avant la voyelle :

| la brise → br-i | la crème → cr-è | frais → fr-ai | le drame → dr-a |
| le prix → pr-i | la grêle → gr-ê | vrai → vr-ai | le travail → tr-a |

br/pr	cr/gr	fr/vr	dr/tr
l'abricot	l'acrobate	africain	le drap
abriter	croire	le frère	l'édredon
la branche	l'écran	offrir	étendre
après	agrafer	la couleuvre	attraper
la prairie	le grillage	poivrer	tricher
préférer	le vinaigre	vraiment	le ventre

EXERCICES

1 Complète ces mots.
br **ou** pr : le sa…e — le …igand — la pro…eté — le …énom — …onzer
cr **ou** gr : …imper — …iller — la …appe — é…aser — la …uche — …is
fr **ou** vr : cou…ir — le poi…e — …émir — le li…e — le …ère — …oid
dr **ou** tr : l'en…oit — …otter — le maî…e — é…oit — …acer — la …agée

2 Complète ces mots.
Il y a …op de bruit, baisse le son. — Le déménageur …ansporte avec a…esse la vi…ine de la bibliothèque. — Le maî…e corrige les cahiers. — Philippe met ses affaires en or…e. — Il fait beaucoup plus …oid cette année. — Je regarde l'heure à ma mon…e. — Pour la Chandeleur, on mange des …êpes. — La souris …ise …ignote un morceau de …omage.

3 Complète ces mots.
Le pain a une …oûte dorée. — Le lion a une belle …inière. — Guillaume s'est é…atigné en tombant. — Vous avez de la fiè…e ; c'est sûrement une bonne …ippe. — Le …ocodile a dévoré la main du capitaine …ochet ; il vou…ait aussi …oquer la deuxième !

4 Vocabulaire à retenir
la grippe — la trappe — frapper — le froid — le frisson — le front

Les sons bl/pl   cl/gl

le blé	la classe
le pli	la glace

RÈGLE

Dans certaines syllabes, on entend deux consonnes avant la voyelle :

le blé → bl-é	la classe → cl-a
le pli → pl-i	la glace → gl-a

---

bl/pl		cl/gl	
bleu	l'exemple	l'article	aveugle
le câble	placer	le cercle	l'épingle
le diable	la plage	claquer	glisser
établir	le plaisir	le clou	la gloire
la fable	souple	le couvercle	régler
le tablier	le plombier	éclater	le triangle

EXERCICES

5 Complète ces mots.

bl **ou** pl : rem…ir — la …ume — la …ante — ou…ier — fai…c

cl **ou** gl : la rè…e — le ver…as — le siè…e — l'on…e — gi…er

6 Complète ces mots.

Le motard a un s…endide …ouson avec un ai…e sur le dos. — Il …eut, les passants ouvrent leur para…uie. — Monsieur Fontaine s'est coupé avec un é…at de verre, le chirurgien recoud la …aie. — Angélica a du courage : elle …onge dans l'eau …acée. — L'acrobate jon…e avec huit balles en équilibre sur une petite bicy…ette. — Le jockey est tombé car son cheval a refusé l'obsta…e.

7 Complète ces mots.

Après le repas, tu essuies la ta…e. — Kamel a cassé la bou…e en …astique de sa ceinture. — On croyait que le sol de la …anète Mars était …at. — Le trian…e a trois an…es. — Le …aneur n'a pas besoin de faire le …ein puisqu'il n'a pas de moteur ! — Le rideau …isse sur une trin…e. — J'entends sonner les …oches de la vieille é…ise.

8 Vocabulaire à retenir

la plante, la plantation, planter — la glace, glacial, le glaçon — le verglas

m devant m, b, p

Le bambin, emmitouflé jusqu'aux oreilles,
était coiffé d'un bonnet à pompon.

RÈGLE

Devant **m, b, p**, il faut écrire **m** au lieu de **n** :
le bambin, emmitouflé, le pompon.

Exceptions :
un bonbon, une bonbonne, une bonbonnière, l'embonpoint, néanmoins.

---

mm	mb		mp	
emmêler	la colombe	gambader	le compteur	le lampion
emménager	le combat	le jambon	l'empire	longtemps
emmener	embrasser	l'ombrelle	l'emploi	remplir
immobile	le flambeau	le timbre	emporter	rompre
immuable	la framboise	trembler	grimper	le temps

EXERCICES

9 **Complète par** m **ou** n.
l'o...bre — le cha...p — la cha...bre — e...fermer — ga...bader —
la po...pe — le ta...pon — la colo...be — la la...pe — le ti...bre —
la la...terne — la bo...bonne — le cha...teur — le te...ps — l'a...poule.

10 **Complète par** m **ou** n.
Au dessert, je mange de la co...pote. — Le jury offre une réco...pense à
l'équipe qui a re...porté le tournoi de basket. — Nous additionnons deux
no...bres i...pairs. — Les gourma...ds aiment bien les bo...bons.
— Le co...bat a cessé : les deux judokas atte...dent la décision des juges.

11 **Complète par** m **ou** n.
La voiture s'est e...bourbée dans le chemin. — Il est i...portant de protéger
ces jeunes arbustes pla...tés depuis seulement une semaine. — Le chat a
e...mêlé la pelote de laine. — Pour les travaux agricoles, il y a lo...gte...ps
que les tracteurs ont re...placé les chevaux. — Cet e...fant a été i...prudent
et il s'est cassé la ja...be.

---

12 Vocabulaire à retenir

la jambe, le jambon, le jambonneau, enjamber — le champ, champêtre
le champignon — le champion — le champagne

Les sons [s] et [z] entre deux voyelles

Alice dépose sa brosse et sa chemise au fond de sa valise.

RÈGLES

1. Entre deux voyelles, le son [z] s'écrit le plus souvent s :
dépose, la chemise, la valise.

2. Entre deux voyelles, le son [s] s'écrit le plus souvent ss ou c :
la brosse, Alice.

Remarques :

1. Le son [z] s'écrit aussi parfois z :
douze, le bazar.

2. Le son [s] peut aussi s'écrire sc, ç ou t entre deux voyelles :
la piscine, la leçon, le patient.

[z] = z	[z] = s			
le bazar	l'ardoise	le faisan	l'oiseau	la rosée
le gazon	choisir	la friandise	la phrase	le trésor
l'horizon	la chemise	moisir	poser	user
seize	la crise	la musique	raser	le visage
[s] = ss		**[s] = c**		
assez	le dossier	atroce	le cygne	la pièce
la bosse	glisser	l'audace	difficile	placer
le buisson	la passerelle	le calice	facile	la police
la carcasse	le poisson	le cèdre	gracieux	la racine
casser	le tissage	la cible	la nièce	le rhinocéros

EXERCICES

13 Conjugue au présent de l'indicatif.

passer sur le pont
écraser une fourmi

croiser les bras
froisser la page

briser la glace
visser l'écrou

14 Écris ces verbes à la 2e personne du singulier et à la 2e personne du pluriel du présent de l'indicatif.

refuser de l'aide
chasser les mouches
tamiser le sable
casser des cailloux

effacer les traces
embrasser ses amis
brosser les vêtements
tamiser la farine

se déplacer vite
laisser une marque
friser les cheveux
classer des papiers

15 Complète ces mots par s ou ss.
Les cou...ins du divan sont plus moelleux que ceux du fauteuil. — J'aime mon cou...in comme un frère. — Le venin de la vipère est un poi...on. — Le poi...on frétille au bout de la ligne du pêcheur. — Le gourmand attend le de...ert avec impatience. — Traverser le dé...ert sans eau, c'est impo...ible.

16 Complète les mots avec s, ss, c ou ç. Aide-toi d'un dictionnaire.

des ci...eaux	la ba...ine	le fu...il	la cloi...on	l'édifi...e
la pla...e	la vai...elle	la cui...ine	l'espa...e	l'arro...oir
la ra...ine	gli...er	le fo...é	la mali...e	la carca...e
la ré...ine	le vi...age	la pri...on	creu...er	autori...er

17 Complète les mots avec s, ss ou c. Aide-toi d'un dictionnaire.
Le moulin écra...e les grains de blé. — Le vent ca...e les branches du ceri...ier. — Véronique a...iste à un con...ert de mu...ique cla...ique. — La fu...ée décolle au milieu d'une épai...e fumée. — À marée ba...e, les rochers apparai...ent. — Le pâti...ier fait des galettes pour l'Épiphanie.

18 Complète les mots avec s ou ss. Aide-toi d'un dictionnaire.
Le bi...on est un bœuf sauvage de l'Amérique du Nord. — Il m'a prêté une ca...ette vidéo. — Toutes les vali...es sont pla...ées dans des ca...iers.

19 Complète les mots avec z, s, ss ou c. Aide-toi d'un dictionnaire.
La caro...erie de cette voiture est rongée par la rouille. Il faudra la lai...er au garage pour qu'elle pui...e être réparée. — Héloï...e lan...e les dés, elle fait dou...e ; bien sûr, elle avan...e son pion de dou...e ca...es et elle tombe en pri...on ! — Lu...ien, le parrain de Je...y, lui a offert un bra...elet sur lequel est gravée sa date de nai...an...e.

20 Complète par s ou z. Aide-toi d'un dictionnaire.
Monsieur Le Guern a trouvé une bonne rai...on pour ne pas tondre son ga...on aujourd'hui : il pleut ! — Bien souvent les ...apins de Noël sont en fait des mélè...es. — Monsieur Guérin a eu un petit malai...e ; il est resté allongé pendant une di...aine de minutes.

21 Écris trois courtes phrases dans lesquelles tu emploieras des mots avec s, ss, c ou ç.

22 Écris un petit texte dans lesquelles il y aura des mots comportant les sons [s] ou [z] écrits sous leurs différentes formes.

23 Vocabulaire à retenir
la voisine — la cuisine — la cousine — le désert — glisser — laisser embrasser — chasser

La cédille : ç

Un limaçon en caleçon : ça ne passera pas inaperçu !

RÈGLES

1. Il faut placer une cédille sous le **c** (**ç**) devant **a, o, u** quand il doit conserver le son [s] : **ç**a, un lima**ç**on, le cale**ç**on, inaper**ç**u.

2. Devant **e** et **i**, le **c** ne prend jamais de cédille : la far**c**e, le **c**idre.

ça		ço		çu
agaçant	français	la balançoire	la leçon	un aperçu
le commerçant	le glaçage	la façon	le maçon	déçu
effaçable	le remplaçant	le glaçon	le poinçon	la gerçure

EXERCICES

24 Conjugue à la 1re personne du pluriel du présent et de l'imparfait de l'indicatif.

tracer un carré — froncer le sourcil — grincer des dents.

25 Complète ces mots par c ou ç.

la ran...on	aga...ant	proven...al	l'écor...e
la ...crise	la fa...on	la balan...oire	le rempla...ant

26 Complète ces mots par c ou ç.

Autrefois, les gar...ons ne fréquentaient pas la même école que les filles. — Leslie apprend sa le...on de géographie. — On entend le tic-tac du balan...ier de l'horloge dans le salon.

27 Complète les mots.

La fa...ade de la maison est en brique. — Le hibou a les yeux per...ants. — Cette tache est ineffa...able. — Le ma...on installe son échafaudage. — Le tra...age du terrain de football s'effectue avec du plâtre.

28 Complète les mots.

Les campeurs conservent leurs aliments dans une gla...ière. — L'hiver, je porte des gants pour éviter les ger...ures. — À Noël, les commer...ants décorent leurs vitrines.

29 Vocabulaire à retenir

le garçon — le maçon — le commerçant — le remplaçant — français

Le son [ʒ] : ge, gi, gy

Admirez le **g**este a**g**ile du ma**g**icien.

RÈGLE

Le son [ʒ] s'écrit le plus souvent **g** devant **e, i** et **y** :
le **g**este, a**g**ile, le ma**g**icien, le **g**yrophare.

Attention, il y a quelques exceptions devant le **e** :
le **j**et, le tra**j**et, le su**j**et, l'ob**j**et, le **j**eudi, un dé**j**euner...

---

ge			gi	je
l'ange	la dragée	le juge	agile	le jet
l'asperge	le garage	le lainage	gicler	jeter
l'auberge	la gencive	le linge	la girafe	le jeudi
beige	la gerbe	loger	la girouette	le jeune
bouger	germer	la marge	givrer	jeûner
le cirage	la grange	la mésange	le magicien	l'objet
le corsage	orange	piéger	rigide	le sujet

EXERCICES

30 **Complète les mots par g ou j.**

l'éta...ère   l'ar...ent   le dé...euner   le ...enou   la bou...ie

l'a...ent   ...eudi   le ...ivre   la ...ifle   la ré...ion

le ...este   le ...ymnase   ...eûner   oran...e   le ga...e

31 **Complète les mots.**

Ce livre a cent pa...es. — Le sin...e amuse les enfants. — La ti...e de la rose porte des épines. — Le visa...e rou...i par l'effort, le sportif franchit la ligne d'arrivée. — Les ...endarmes sont sur la piste du voleur. — Le voya...eur porte ses baga...es. — Avez-vous étudié le tra...et avant de partir ?

32 **Complète les mots.**

Le navire a fait naufra...e près des côtes. — Je sors le lin...e de la machine à laver. — Le perroquet a un joli pluma...e. — Trop gourmande, la souris est prise au piè...e. — L'automobiliste a dérapé dans le vira...e. — Les comédiens sur...issent du fond de la scène. — Le verbe s'accorde avec son su...et.

---

33 Vocabulaire à retenir

le bagage — le barrage — la cage — la page — la rage
forger — la gelée — la neige — le gigot — le gilet — le trajet

gea, geo

Le géant dévore des pigeons et des flageolets.

RÈGLES

Devant **a** et **o**, il faut mettre un **e** après le **g** pour obtenir le son [3] :
le géant, le pigeon, les flageolets.

gea	geo			
la démangeaison	le badigeon	le bourgeon	la mangeoire	le plongeon
l'orangeade	le bougeoir	l'esturgeon	la nageoire	la rougeole
la vengeance	le bourgeois	le flageolet	le pigeon	le villageois

EXERCICES

34 Conjugue au présent et à l'imparfait de l'indicatif.
partager des soucis — décharger le coffre — ranger ses affaires — plonger
dans la piscine.

35 Complète ces mots, s'il y a lieu.
la bourg...oisie   le pig...onnier   le g...ibier   la g...irafe
la veng...ance   chang...ant   la roug...ole   le g...azon
la g...irouette   le dirig...able   le g...igot   exig...ant

36 Complète les mots.
Le maître nageur saute du plong...oir. — On badig...onne les murs du
garage. — Le soleil se lève dans un ciel roug...âtre. — G...orges et son
cousin jouent aux dominos. — Les boug...oirs en étain s'alignent sur la
cheminée. — Les piqûres de puce provoquent des démang...aisons.
— C'est en voyag...ant que l'on apprend la tolérance.

37 Complète les mots.
Les bourg...ons éclatent au soleil printanier. — Les pig...ons roucoulent
sur le bord du toit. — Les bourg...ois ont organisé la Révolution de 1789.
— Cette viande est immang...able car elle est trop cuite. — Les poissons
ont des nag...oires. — Il paraît que le g...ai peut apprendre à parler comme
le perroquet. — Jérémie a renversé son verre d'orang...ade. — Le canard
m'amuse par ses plong...ons ; on ne voit plus que les plumes de la queue.

38 Vocabulaire à retenir
le plongeon — le pigeon — le bourgeon — la vengeance — exigeant

Les accents (´), (`), (^)

Le pâtissier prépare une crème à la vanille
qu'il versera sur les crêpes.

RÈGLES

Les accents servent généralement à changer la prononciation
de certaines voyelles ou à reconnaître certains mots.
Ils sont aussi importants que les lettres :
  prépare, préparé   a, à

1. L'accent aigu (´) se place seulement sur la lettre **e**.
On entend alors le son [e] :
  prépare, éveiller, le téléphone.

2. L'accent grave (`) se place le plus souvent sur la lettre **e**.
On entend alors le son [ɛ] :
  Charlène, la paupière, le lièvre.
On le trouve aussi dans des mots invariables : à ; où ; déjà.

3. L'accent circonflexe (^) se place sur la lettre **e**.
On entend alors le son [ɛ] :
  la crêpe, la fête.
On le trouve aussi sur les voyelles **a, i, o, u** :
  un bâton, une île, la tôle, une bûche, la croûte.

Remarque :
On ne double pas la consonne qui suit une voyelle accentuée :
  l'étude, précieuse, complète, intéressante, le bâton
  cette, la pierre, intéressante, battre
Comme il est souvent difficile de savoir s'il faut mettre un accent
ou doubler la consonne, il est prudent de consulter un dictionnaire.

é	è	ê	â	ô
bénévole	amèrement	bête	le bâtiment	la côte
le bétail	la barrière	la bêtise	le châle	drôle
la décision	la bière	la crête	le flâneur	enrôler
écorcher	le collègue	emmêler	lâche	l'hôpital
l'épreuve	la galère	extrême	la pâte	le pôle
l'étable	la grève	la fête	tâcher	le trône
l'étoffe	le modèle	la grêle	**î**	**û**
féliciter	le pèlerinage	même	abîmer	brûler
médiocre	la pièce	le/la poêle	la boîte	la flûte
le précipice	la planète	prêter	le dîner	la piqûre
la récitation	le problème	rêver	le gîte	sûr

EXERCICES

39 Place les accents qui conviennent. Aide-toi d'un dictionnaire.

mechant	la biere	l'elephant	l'hotel	oter
la criniere	le theatre	l'eleve	la bete	la verite
le maitre	la sirene	la fleche	le traineau	la plongee
la flute	l'electricite	la television	le metro	une arete

40 Écris le nom féminin à côté du nom masculin.
Exemple : le boulanger ▸ la boulangère.

l'ouvrier   le fermier   le charcutier   le crémier   l'étranger   le boucher
l'écolier   le meunier   le caissier   le gaucher   le cuisinier   le conseiller

41 Place les accents sur les mots entre parenthèses.
Le (chateau) (feodal) a d'(etroites) (fenetres). — Il a beaucoup (neige) ; les
(vehicules) doivent mettre des (chaines). — La (portiere) de la voiture a
(ete) (accrochee) par le (velomoteur). — La (guepe) m'a (pique) (a) la
(paupiere). — Il y a trop de (fumee) dans cette (piece), j'ai mal (a) la (tete).
— Tu as fait des (progres) (etonnants) en (solfege).

42 Complète ces mots.
L'é…offe de cette robe est soyeuse. — Le bé…ail est surveillé en perma-
nence par le vé…é…inaire. — Elle porte un châ…e sur ses é…aules.
— La mer é…ume autour des ré…ifs. — On ne voit pas le fond de l'abî…e.
— Le dé…art de la course a été donné d…s l'aube.

43 Complète ces mots.
Le bé…ier a une épaisse toison. — En voulant sauter la barriè…e, l'enfant
se fait une é…aflure au genou. — Je lis un livre inté…essant ; je te le
prê…erai. — La Beauce et la Brie produisent beaucoup de cé…éales. —
Pour se déplacer, les Lapons utilisent des traî…eaux.

44 Écris cinq mots qui contiennent un accent aigu et cinq mots
qui contiennent un accent grave.

45 Écris une phrase pour chacun des mots suivants : tâche et tache ;
pâte et patte.

46 Conjugue les verbes au présent de l'indicatif.
lever la tête — peser des légumes — crever un ballon — semer.

47 Vocabulaire à retenir
le bâtiment, la bâtisse, bâtir — l'ouvrier — le charcutier — la chaîne
le maître — la vérité — le trésor — la sirène — la crinière — la flèche

Les consonnes doubles

Cette pierre précieuse étincelle au fond du coffre.

RÈGLES

1. Les consonnes placées entre deux voyelles peuvent être doublées, ainsi que les consonnes placées entre une voyelle et la consonne **r** ou la consonne **l** : ce**tt**e, la pie**rr**e, le co**ff**re, étince**ll**e, mi**ll**e.

2. On ne double pas la consonne qui suit une autre consonne : le co**ff**re et la con**f**iture ; me**tt**re et le ven**t**re.

3. Devant une double consonne, e se prononce le plus souvent [ɛ], mais s'écrit sans accent : ce**tt**e, la pie**rr**e, étince**ll**e.

Remarque : Consulter un dictionnaire quand on a un doute.

ff	ll	nn	pp	rr	tt
l'affaire	allumer	l'année	appeler	arroser	attendre
chauffer	le ballon	boutonner	échapper	le barrage	la goutte
l'étoffe	la colline	la colonne	l'enveloppe	l'erreur	mettre
souffler	la ficelle	la panne	la nappe	nourrir	quitter

EXERCICES

48 Conjugue à l'imparfait de l'indicatif.

souffler les bougies — gonfler les pneus — entendre un appel.

49 Complète par f ou ff.

Pendant les vacances, nous avons visité le gou...re de Padirac. — J'écoute les in...ormations de vingt heures. — Je mets de l'eau dans la cara...e. — Le clown a le front en...ariné et un pantalon tout froissé. — Achète ce vélo, c'est une a...aire à ne pas manquer.

50 Complète par l ou ll.

Il a offert un co...ier à sa mère. — Les grimaces en...aidissent le visage. — Le liseron en...ace le rosier. — Le camion s'en...ise dans le chantier. — Achète dix rou...eaux de papier peint et de la co...e.

51 Complète les mots par t ou tt.

Lorsque nous serons sur la crê...e, nous dominerons toute la vallée. — Dormir sous une coue...e bien douille...e, quel plaisir ! — L'astronome observe à la lune...e la queue de la comè...e. — L'association est en quê...e de subventions pour financer les concerts qu'elle organise.

52 Complète par **t** ou **tt**.

Le vent a aba...u notre an...enne de télévision. — Nous a...endons l'au...ocar. — J'ai ache...é une bo...e de radis qu'on servira en en...rée. — Au soleil, je por...e des lune...es noires.

53 Complète par **c** ou **cc**.

La foule a...ourt pour a...lamer le vainqueur. — Notre classe a gagné un prix au con...ours de la Prévention routière, le jury vient de pro...lamer les résultats. — Si je pars en centre de va...an...es, m'a...ompagneras-tu ?

54 Complète par **p** ou **pp**.

J'a...erçois le Mont-Blanc tout enneigé. — Le soleil a...araît au-dessus des collines. — Si vous prenez un dessert s...écial, vous allez payer un su...lément — Le serveur dé...lie la na...e.

55 Complète par **n** ou **nn**.

Ceux qui sont nés un 29 février n'ont pas de cha...ce : ils ne fêtent leur a...iversaire que tous les quatre ans ! — Il est impossible de statio...er dans le ce...tre de la ville. — On do...era la couro...e à celui qui trouvera la fève.

56 Complète par **m** ou **mm**.

C'est l'ordinateur central qui co...ande toute l'installation spatiale. — Au menu, on a le choix entre fro...age ou dessert. — Du so...et de la colline, on distingue les fla...es de l'incendie de la forêt où sont les po...piers.

57 Complète par **r** ou **rr**.

Boi...e un ve...e de si...op de grenadine, cela fait du bien su...tout lo...sque l'on a cou...u ! — Il ne reste guè...e de places assises : tant pis, je reste...ai debout. — Au Moyen Âge, les seigneu...s se liv...aient entre eux des gue...es te...ibles.

58 Écris ces verbes à la **2ᵉ** personne du singulier et à la **2ᵉ** personne du pluriel du présent de l'indicatif.

rappeler quelqu'un   feuilleter une revue   ressemeler une chaussure
projeter un film   empaqueter un cadeau   niveler le sol

59 Complète par **l** ou **ll**.

Le bate...ier conduit sa péniche sur le canal. — Le cerve... et est un centre nerveux situé sous le cerveau. — Les libe...ules bleues rasent la surface du ruisseau. — Les chande...es étaient faites avec du suif ou de la résine.

60 Vocabulaire à retenir

la colonne — la colline — téléphoner — stationner — l'antenne
l'enveloppe — l'étoffe — l'affaire

Noms commençant par un h

Les yeux du hibou ressemblent à des hublots,
dit le hérisson au hanneton.

RÈGLES

1. Seul le dictionnaire permet de savoir si un nom commence par un **h** :
le hibou, le hublot.

2. Pour certains de ces noms, on fait une liaison avec l'article pluriel
qui les précède. Dans ce cas, on dit que le **h** est muet : les herbes.
Le **a** ou le **e** de l'article singulier est alors remplacé par une apostrophe :
l'herbe (et non pas la herbe).

3. Lorsque la liaison n'est pas possible et que le **a** ou le **e** de l'article
sont maintenus, on dit que le **h** est aspiré : **le** hérisson, **le** hanneton, **la** haie.

---

h aspiré			h muet	
la haie	le héron	la houille	l'habit	l'horizon
le hameau	le hêtre	la houle	l'hélice	l'horloge
la hanche	le héros	la houppe	l'herbe	l'hôtel
le haricot	la honte	le houx	l'histoire	l'huile

EXERCICES

61 **Écris un verbe correspondant à chaque nom.**
Exemple : l'habit → habiller.
l'habitation   le hasard   l'habitude   l'hésitation   l'harmonie

62 **Fais l'exercice sur le modèle :** une hache → la hache.
un harpon   un hôpital   une horreur   un hangar   un homme

63 **Complète les noms.**
Le ...éron se nourrit de poissons. — La grande ...orloge du salon donne toujours l' ...eure exacte. — Lydie se passionne pour les ...istoires des ...éros
de l'Antiquité. — Avec une petite goutte d'...uile, la porte ne grincera plus.

64 **Emploie chacun de ces noms dans une courte phrase.**
l'hélice — l'horizon — l'hirondelle — la haie — l'hiver.

---

65 Vocabulaire à retenir

l'horizon — l'habit — le hameau — le harpon — le héros — le hibou

---

Les sons [o] et [ɔ] : au, o

Aude donne sa broche orange
et ses chaussettes mauves à Charlotte.

RÈGLE

À l'initiale et à l'intérieur des mots, le son [o] s'écrit le plus souvent au :
    Aude, chaussette, mauve ;
Le son [ɔ] s'écrit o : donne, Charlotte, broche, orange.
Mais on écrit : chose, rose, pose... avec un o.

Le son [o] s'écrit au			Le son [o] s'écrit o	
l'aube	la chaumière	la paupière	la cellulose	la moto
l'aubépine	la chaussure	pauvre	la chose	la photo
le baudet	l'épaule	le restaurant	la dose	poser
le cauchemar	le fauve	sauvage	le glucose	la position

Le son [ɔ] s'écrit o				
le bol	le collier	la grotte	la parole	la poche
la broche	la colonne	l'homme	le pétrole	le volcan

EXERCICES

66 **Complète ces mots par** au **ou** o.

la h...teur   la h...tte   un m...rceau   le ch...c...lat   p...vre
le b...cal   le f...con   le fr...mage   un c...chemar   la g...rge

67 **Complète ces mots.**
La s...terelle a de grandes pattes. — L'...live est verte et la t...mate est
rouge ; ce sont des pr...duits des régions méditerranéennes. — Ne passe pas
sous l'échaf...dage. — En hiver, on p...rte des ch...ssettes de laine.

68 **Complète ces mots.**
Le canard s...vage se cache dans les h...tes herbes. — ...trefois, les terrassiers se servaient de pelles et de pi...ches ; ...jourd'hui les engins
m...dernes permettent de travailler plus vite.

69 **Emploie chacun de ces noms dans une courte phrase.**
la pomme — la paume — le sol — le saule — la hotte — mauvais.

70 Vocabulaire à retenir
    l'épaule — la chaussure — la paupière — l'orange — l'orage

Le son [j] : ill ou y

Les joueurs portent des maillots rayés.

> **RÈGLE**
>
> Lorsqu'on entend le son [j], on écrit la plupart du temps -ill : le ma-illot.
> Le son [j] peut aussi s'écrire avec un y : rayé.
>
> **Remarque :**
> 1. Il est prudent de vérifier l'orthographe de ces mots dans un dictionnaire.
> 2. Attention, certains mots où l'on n'entend pas [j] s'écrivent avec -ill :
>   la ville, tranquille, mille, un milligramme.

ill			y	
la bouillotte	le grillage	la paillette	le citoyen	le noyau
le brouillon	le haillon	la quille	la croyance	le rayon
le caillou	le maillet	réveiller	ennuyeux	soyeux
cueillir	le maillon	la trouvaille	joyeux	le tuyau
la feuille	le médaillon	la vaillance	le moyen	le voyage

EXERCICES

71 **Complète par** ill **ou** y**.**

la bala…ure   le cra…on   la ra…ure   le b…et   le pav…on
le pa…asson   le brou…ard   la gr…ade   le fo…er   un mo…en

72 **Complète les mots.**

À l'approche des vacances, les élèves sont jo…eux. — Par grand froid, l'eau gelée fait éclater les tu…aux. — Le mo…eu de la roue contient des b…es d'acier. — Le menuisier donne de petits coups de ma…et sur son ciseau à bois. — Attention, la pa…e prend feu facilement.

73 **Complète les mots.**

L'épouvantail est couvert de ha…ons. — Nous partons en vo…age. — La cerise est un fruit à no…au. — Les pompiers combattent toujours le feu avec va…ance.— Versa…es était une résidence ro…ale.

74 **Emploie ces mots dans un petit texte.**

le poulailler — le tailleur — le noyer — le rayon — le coquillage.

75 Vocabulaire à retenir

le maillot — le bouillon — le pavillon — la rayure — joyeux — le tuyau

La lettre t prononcée [s]

Laetitia prépare avec minutie une nouvelle potion magique.

RÈGLE

La lettre **t** suivie d'un **i** se prononce souvent [s] : la minu**t**ie, la po**t**ion.

---

tion			
l'admiration	la décoration	la nation	la révolution
l'application	l'émotion	la partition	la satisfaction
l'attention	l'habitation	la ration	la vaccination

tia	tie	tien
la gentiane	balbutier · la démocratie	la patience
l'initiale	la calvitie · la minutie	le quotient

EXERCICES

76 **Écris le nom correspondant à chaque verbe.**
Exemple : négocier → la négociation.
diminuer — apprécier — organiser — signifier — évoquer — rédiger.

77 **Complète les mots.**
Le montant des répara…ions s'élève à mille francs. — Les vêtements trop étroits gênent la respira…ion. — Karl calcule rapidement les opéra…ions ; il trouve les quo…ients des divisions en quelques secondes !

78 **Complète les mots.**
Dès l'appari…ion des beaux jours, les couturiers exposent leurs collec…ions d'été. — Le magnétoscope fonc…ionne bien et il nous donne toute satisfac…ion. — La po…ion magique rendait les Gaulois invincibles.

79 **Complète les mots.**
L'assistance écoute avec atten… le discours du ministre. — Cette année, la fréquenta… des cinémas a augmenté. — Les acroba… du clown font rire les enfants. — Les ini…les de Sébastien Frey sont gravées sur son couteau.

80 **Emploie chacun de ces noms dans une courte phrase.**
l'habitation — la végétation — la perfection — la précaution.

81 Vocabulaire à retenir
la solution — la location — l'attention — la patience — les initiales

14ᵉ leçon

Les mots invariables

J'ai pris froid **en** restant **dehors, mais dans** un instant,
j'irai **beaucoup mieux.**

RÈGLE

Il existe des mots qui s'écrivent toujours de la même façon ; ce sont des
mots invariables : **en, dehors, mais, dans, beaucoup, mieux, pas, chez.**
Il faut bien connaître l'orthographe de ces mots invariables, très courants.

mots invariables					
alors	avant	durant	maintenant	plusieurs	sur
à travers	avec	encore	mais	pour	tantôt
assez	bientôt	envers	malgré	pourtant	tôt
auprès	cependant	fois	mieux	près	toujours
aussi	dedans	jamais	moins	puis	toutefois
aussitôt	dehors	longtemps	parfois	quand	très
autant	depuis	lors	parmi	quelquefois	trop
autrefois	devant	lorsque	pendant	sans	vers

EXERCICES

82 **Complète par l'un des mots invariables suivants :**
beaucoup, longtemps, trop, toujours, moins.
Le vase déborde, vous avez versé ... d'eau. — Dans la forêt, après la pluie,
il y a ... de champignons. — On doit ... s'arrêter au feu rouge quand on est
en voiture. — Il a ... neigé, à la grande joie des enfants. — Depuis que
j'étudie les règles d'orthographe, je fais ... d'erreurs en écrivant.

83 **Écris cinq phrases dans lesquelles tu emploieras chacun des mots
invariables de l'exercice précédent.**

84 **Complète par l'un des mots invariables suivants :**
pendant, assez, mieux, maintenant, devant, avant.
... de poster ses lettres, Sébastien colle des timbres. — Vous n'avez pas mis
... d'essence, la voiture est tombée en panne. — Vous pourriez ... travailler.
— La pluie a cessé, ... je vais pouvoir sortir tranquille. — Nous l'avons
remplacé ... son absence. — Je m'arrête ... la vitrine du bijoutier. — ... de
déjeuner, je me lave les mains.

85 **Écris six phrases dans lesquelles tu emploieras chacun des mots
invariables de l'exercice précédent.**

86 Complète par l'un des mots invariables suivants :
mais, autant, lorsque, dehors, dans, dedans, chez.
Ne restez pas ... pendant l'orage. — J'ai ouvert la boîte, ... il n'y avait rien ... . — ... vous viendrez nous voir, prévenez-nous. — Ce pommier n'a jamais donné ... de pommes que cette année. — Le mécanicien range ses outils ... sa caisse. — Blanche-Neige habite ... les Sept nains.

87 Écris six phrases dans lesquelles tu emploieras chacun des mots invariables de l'exercice précédent.

88 Complète par l'un des mots invariables suivants :
quand, loin, parmi, malgré.
Venez passer quelques jours ... nous. — ... nous irons au collège, nous commencerons les cours à huit heures. — Au ... on distinguait la ville. — ... mes avertissements, vous avez touché au feu et vous vous êtes brûlés.

89 Écris quatre phrases dans lesquelles tu emploieras chacun des mots invariables de l'exercice précédent.

90 Complète par l'un des mots invariables suivants :
fois, bientôt, tôt, aussi, envers.
Il faut se coucher ... pour se lever ... . — Nous nous montrerons plus indulgents ... les débutants. — Si la circulation continue à augmenter en ville, on ne pourra plus respirer. — Bayard, le noble chevalier, était ... bon que brave. — Trois ... huit, cela fait bien vingt-quatre.

91 Écris cinq phrases dans lesquelles tu emploieras chacun des mots invariables de l'exercice précédent.

92 Complète par l'un des mots invariables suivants :
autrefois, quelquefois, vers, à travers, depuis, plusieurs.
Aurélien rentrera du travail ... midi. — ..., les seigneurs vivaient dans des châteaux. — ... le début de l'année, nous avons lu ... livres. — Le soleil passe difficilement ... la brume. — La classe entière va ... au musée.

93 Écris six phrases dans lesquelles tu emploieras chacun des mots invariables de l'exercice précédent.

94 Écris un petit texte où tu emploieras certains mots invariables de la leçon.

95 Vocabulaire à retenir

parfois — puis — avant — pendant — devant — pourtant
toujours — dedans — dehors

Orthographe 27

La lettre finale d'un nom ou d'un adjectif

Ce marchand très bavard met en retard tous ses clients.

RÈGLE

Pour trouver la lettre finale d'un nom ou d'un adjectif, on peut essayer de former son féminin ou de chercher un mot de la même famille.

le marchand → la marchande   un bavard → une bavarde
le client → la cliente   le retard → retarder

EXERCICES

96 Écris ces noms au féminin. *Exemple* : le Français → la Française.

le client   le chat   le Chinois   le vagabond   le patient

97 Explique la dernière lettre de ces noms à l'aide d'un autre nom de la même famille. *Exemple* : le lit → la literie.

le bras   le porc   le dos   le riz   le champ
le plomb   le tapis   le salut   la dent   le cours

98 Écris le nom correspondant à chaque verbe.
Exemple : tasser → le tas.

chanter   outiller   embarrasser   sangloter   galoper
débiter   parfumer   fracasser   retarder   regarder

99 Écris les adjectifs au féminin ; tu compléteras par un nom féminin de ton choix. *Exemple* : un petit cadeau → une petite faveur.

un tireur adroit   un temps gris   un gros paquet
un jeu amusant   un feu ardent   un animal attachant
un grand moment   un potage épais   un sac lourd

100 Complète les mots.
Deux infirmiers mettent le brancar... dans l'ambulance. — Le rabo... soulève de jolis copeaux. — Le matela... de mon li... est en laine. — Le poignar... a une lame effilée. — Ce chat a un regar... très doux. — À la mi-temps, les équipes changent de cam... . — La tempête casse le mâ... du voilier.

101 Complète les mots.
Je pose un pla... de lentilles au lar... sur la table. — Autrefois, certaines régions étaient infestées de brigan.... — Assis au premier ran..., je ne perds rien du spectacle. — Déplacer ce ta... de sable, quelle corvée !

Noms en -ent, -ant, -an... [ã]

L'enfant découvre une dent de serpent.

RÈGLES

1. Les noms qui se terminent par le son [ã] s'écrivent le plus souvent -**ent** : une d**ent**, un serp**ent**.

2. Comme il y a d'autres terminaisons possibles, il est prudent de consulter un dictionnaire : un enf**ant**, le **temps**.

noms en -ent			noms en -an	noms en -anc
l'accent	la jument	le quotient	l'élan	le banc
l'accident	le bâtiment	le récipient	l'océan	le flanc
l'adolescent	le ciment	le sentiment	**noms en -ant**	**noms en -ang**
l'affluent	le client	le sergent	l'éléphant	l'étang
l'agent	le hurlement	le serment	le diamant	le sang
l'aliment	le logement	le torrent	**noms en -and**	**noms en -emps**
l'argent	le patient	le vent	le brigand	le temps
l'ingrédient	le pincement	le vêtement	le marchand	le printemps

EXERCICES

102 Écris le nom en -ent **correspondant à chaque verbe.**

amuser — frotter — changer — entasser — avertir — loger — déguiser.

103 Écris le nom en -ent **correspondant à chaque verbe, puis donne un complément à ce nom.**

Exemple : grincer → le grincement de la serrure.

rouler — gémir — ricaner — siffler — prolonger — engager — trembler.

104 **Complète les noms.**

En hiver, on se couvre de vêtem... chauds. — La Seine a de nombreux afflu... . — Un sarm... est un rameau de vigne. — Lorsqu'une plante pousse très facilement, on dit qu'elle pousse comme du chiend... . — Les enf... écrivent à leurs par... . — Le cli... attend son tour.

105 **Emploie chacun de ces mots dans une courte phrase.**

le chant, le champ — sans, le sang, cent — le temps, le printemps.

106 Vocabulaire à retenir

le client — la jument — le torrent — l'enfant — le sang — le diamant

Noms masculins en -ard, -art...

Le brouillard empêche le départ de la course.

RÈGLE

Beaucoup de noms masculins terminés par le son [aʀ] s'écrivent **-ard** :
le brouillard, le retard, le boulevard.

Attention, on écrit : le départ, le hangar, le bazar, le phare...

---

noms masculins en -ard					-ar, -art, -are
le billard	le buvard	le hasard	le milliard	le standard	le hangar
le brancard	le canard	le homard	le placard	le traînard	l'écart
le brassard	l'étendard	le léopard	le regard	le vieillard	le phare

EXERCICES

107 **Explique la dernière lettre de ces noms à l'aide d'un mot de la même famille.** *Exemple* : le regard → regarder.
le retard — le poignard — le milliard — le départ — l'écart — l'art.

108 **Donne le féminin de ces noms.**
le clochard — le bavard — le veinard — le montagnard — le campagnard.

109 **Complète les noms. Consulte un dictionnaire.**
Jérémie veut ranger le placar... mais il y a tant d'objets que c'est un vrai cauchem... . — Les soigneurs placent le joueur blessé sur un brancar... . — Les soldats des armées du Moyen Âge suivaient l'étend... de leur chef. — Le renar... polaire est brun l'été et blanc l'hiver. — Le canar... sauvage est un oiseau migrateur. — Il y a un rad... au bord de la route.

110 **Complète les noms, s'il y a lieu. Consulte un dictionnaire.**
En hiver, on se protège la gorge avec un foular... . — Le petit lézar... gris se chauffe au soleil. — Gare aux pinces du homar... quand vous l'attrapez. — Le tracteur est à l'abri sous le hangar... . — Les rempar... de la ville de Carcassonne sont impressionnants.

111 **Utilise les mots suivants dans un petit texte amusant.**
le quart — le nénuphar — le pétard — le bazar — les épinards.

112 Vocabulaire à retenir
le lard — le hasard — le bar — le cauchemar — le hangar — le dollar

Noms en -eur, -eure [œʀ]

L'ingénieur corrige ses erreurs sur son ordinateur.

RÈGLE

Les noms masculins et féminins qui se terminent par le son [œʀ]
s'écrivent **-eur** : l'ingéni **eur**, l'ordinat **eur**, l'err **eur**.

Exceptions : le b**eurre**, la dem**eure**, l'h**eure**, le c**œur**, la s**œur**.

---

noms féminins en -eur			noms masculins en -eur		
l'ardeur	la fraîcheur	la longueur	l'ascenseur	le danseur	le mineur
la blancheur	la frayeur	la maigreur	le balayeur	l'empereur	le moteur
la chaleur	la grandeur	la splendeur	le bonheur	le dessinateur	le planeur

EXERCICES

113 Complète les noms.

la su ···   le min ···   le vol ···   le voyag ···   la tiéd ···   le malh ···
la fl ···   la laid ···   l'act ···   le jou ···   l'horr ···   le bonh ···

114 Complète les noms.

Parmi les spectat ···, il y a de nombreux admirat ··· de ce chant ··· de rock. —
Le garagiste vérifie l'état des amortiss ···. — Le dessinat ··· travaille avec
ard ··· à son nouvel album.   La grande s ··· de Farida a été opérée ; mais
aujourd'hui tout va bien, ce n'était qu'une petite fray ···.

115 Complète les noms.

L'épaiss ··· de la croûte terrestre est d'environ 40 kilomètres ; peut-être plus
au niveau de l'équat ···. — Certains océans atteignent une profond ··· de
10 000 mètres. — Le rectangle a deux dimensions : la longu ··· et la larg ···.
— Les nouveaux télévis ··· ont un grand écran. — Cette belle dem ··· date
du siècle dernier. — Malik a laissé un message sur ton répond ···.

116 Emploie chacun des noms suivants dans une courte phrase.

la lueur — la peur — l'heure — la valeur — la chaleur — la vapeur.

117 Comment appelle-t-on celui qui :

nage ? — court ? — collectionne ? — skie ? — pêche ? — coiffe ? — patine ?

118 Vocabulaire à retenir

la valeur — la vapeur — la fureur — l'erreur — le voyageur — l'admirateur

19e leçon

Noms féminins en -ie

Marie récite une poésie.

RÈGLE

Les noms féminins qui se terminent par le son [i]
s'écrivent le plus souvent -ie : Marie, une poésie.
Attention, on écrit : la souris, la brebis, la perdrix, la fourmi, la nuit.

---

noms féminins en -ie					
la bijouterie	la comédie	l'étourderie	la loterie	la parfumerie	la prairie
la boucherie	la compagnie	la géographie	la mairie	la pluie	la scie
la cavalerie	l'épidémie	la librairie	la mélodie	la poulie	la sonnerie

EXERCICES

119 Écris le nom en -ie correspondant à chacun de ces noms.
Exemple : le boulanger → la boulangerie.
le linge   le lait   le libraire   le quincaillier   le papier
le tapis   l'imprimeur   le pharmacien   le bijoutier   le lit

120 Complète ces mots.
Jérôme regarde volontiers les sér... américaines. — Les enfants aiment les
sucrer.... — La varicelle est une malad... contagieuse. — Pour utiliser une
sc... électrique, il faut prendre des précautions.— La plu... arrose les
salades. — On n'entend pas très bien la sonner... du téléphone.
— Pour aller aux États-Unis, Harry choisit une compagn... française. — La
jalous... est un vilain défaut.

121 Complète ces mots.
Le cheval a gagné le tiercé, il rentre à l'écur... avec son jockey.
— Le ramoneur nettoie la su... des cheminées. — La Fontaine raconte que
la fourm... est laborieuse, c'est peut-être vrai. — Jennifer déplace le curseur
sur l'écran de son ordinateur à l'aide de la sour.... — Le conseil municipal
se réunit à la mair... .

122 Emploie tous ces noms dans un petit texte amusant.
la sortie — l'ortie — la garderie — la prairie — la jalousie.

---

123 Vocabulaire à retenir
la vie — la sortie — la partie — la série — la bougie — la mairie

---

32 **Orthographe**

Noms en -ure, -ue...

La tortue se promène en voiture avec un fichu sur la tête.

RÈGLES

1. Les noms féminins qui se terminent par le son [yR] s'écrivent tous -ure : la voiture, la figure.

2. Les noms féminins qui se terminent par le son [y] s'écrivent généralement -ue : la tortue, la rue

Attention, on écrit : la bru, la tribu, la vertu.

3. Les noms masculins ont des terminaisons diverses. le talus, le chahut, le fichu.

En cas de doute, il est prudent de consulter un dictionnaire.

---

noms féminins				noms masculins	
en -ure		**en -ue**		**en -u**	**en -ut**
la bavure	la moulure	l'avenue	la morue	le menu	le but
la brûlure	la parure	la charrue	la revue	le tissu	le salut
la chaussure	la peinture	la cohue	la rue	**en -us**	**en -ur**
la gravure	la rayure	la crue	la langue	l'abus	l'azur
la morsure	la verdure	l'étendue	la tenue	le refus	le mur

EXERCICES

124 Écris le nom en -ure correspondant à chacun de ces verbes.
Exemple : rayer → la rayure.
égratigner — déchirer — peindre — écrire — mesurer — garnir — ouvrir.

125 Écris le nom en -ue correspondant à chacun de ces verbes.
venir — tenir — étendre — voir — revoir — entrevoir — devoir.

126 Complète ces noms.
Cette pommade calme les piqû... de moustique. — Le jardinier arrange ses bord... de fleurs. — La mors... de la vipère est dangereuse. — Le pompier se protège des brûl... . — Il reste quelques trib... d'Indiens en Amérique du Nord. — Le dimanche de bonne heure, les r... de la ville sont désertes. — Dans le jardin du château, il y a de belles stat... .

127 Vocabulaire à retenir
la mesure — la peinture — la lecture — la gravure — l'ouverture

21ᵉ leçon

Noms en -oir, -oire [waʀ]

Les mouchoirs sont rangés dans le tiroir de l'armoire.

RÈGLES

1. Les noms masculins qui se terminent par le son [waʀ] s'écrivent souvent -oir : le mouchoir, le tiroir, le devoir, le soir.

Attention, quelques-uns se terminent par -oire :
le laboratoire, le territoire.

2. Les noms féminins s'écrivent toujours -oire : l'armoire, l'histoire.

noms masculins			noms féminins		
en -oir		en -oire	en -oire		
l'arrosoir	l'espoir	l'accessoire	la baignoire	la mâchoire	la patinoire
bonsoir	le miroir	l'ivoire	l'écumoire	la mémoire	la rôtissoire
le comptoir	le pouvoir	le réfectoire	la gloire	la nageoire	la victoire

EXERCICES

128 Écris le nom en -oir ou -oire correspondant à chaque verbe.
sauter   laver   balancer   percher   baigner   compter

129 Complète les noms.
Le lion a de puissantes mâch... . — Il a une excellente mém..., il s'est souvenu de notre numéro de téléphone. — Les légumes égouttent dans la pass... . — Le peign... de bain a de grosses fleurs rouges. — Le chimiste fait des analyses dans son laborat... . — Les joueurs fêtent leur vict... .

130 Complète les noms.
Madame Tardieu met de l'essence sans plomb dans son réserv... . — Le jardinier verse l'eau de son arros... sur les salades. — Le cuisinier retire les légumes du bouillon avec une écum... . — Les voitures se garent le long des trott... . — Quand on est enrhumé, un mouch..., c'est bien utile.

131 Emploie chacun de ces noms dans une courte phrase.
miroir — trottoir — couloir — abattoir — tiroir.

132 Vocabulaire à retenir
la poire — l'histoire — la mémoire — le trottoir — le mouchoir
le rasoir — le laboratoire — l'observatoire

Noms en -ail, -eil, -euil, -ouille et en -aille, -eille, -euille, -ouille

Les groseilles ont mûri au soleil.

RÈGLES

1. Les noms masculins qui se terminent par le son [j] s'écrivent **-il** (un seul l) :
le détail, le soleil, le seuil, le fenouil.

2. Les noms féminins qui se terminent par le son [j] s'écrivent **-ille** (deux l) :
la bataille, la groseille, la feuille, la grenouille.

Remarques :

1. On écrit **le chèvrefeuille** et **le portefeuille** parce que ces noms sont formés avec le nom **feuille** qui est féminin.

2. Lorsque le son [œj] est précédé d'un **g** ou d'un **c**, le u de **-euil** passe devant le **e**. On écrit **-ueil** pour pouvoir le prononcer [g] et [k] :
l'accueil, l'orgueil.

---

noms masculins				noms féminins	
un -ail	en -eil	en -euil	en -ueil	en -aille	en -eille
l'autorail	le conseil	le cerfeuil	l'écueil	la ferraille	la bouteille
l'éventail	l'éveil	l'écureuil	le recueil	la volaille	la corbeille
le gouvernail	le réveil	le fauteuil	**en -ouil**	**en -euille**	**en -ouille**
le vitrail	le sommeil	le treuil	le fenouil	la feuille	la ratatouille

---

EXERCICES

133 **Complète les noms.**

l'éve...   la pa...   le sole...   l'œ...   l'autora...   la méda...
l'ore...   le déta...   l'org...   l'acc...   le réve...   le conse...

134 **Complète les noms.**

Les peintres se mettent au trava... . — La vola... picore le grain. — Carole n'a plus de fièvre, son somme... est plus calme. — À la déchetterie, on trie la ferra... . — Le TGV roule sur des ra... renforcés. — Madame Bougard fait des confitures de grose... . — Le lapin se cache dans les broussa... . — Les abe... quittent la ruche pour butiner.

---

135 Vocabulaire à retenir

la paille — la volaille — la médaille — le soleil — le réveil — le sommeil

---

Noms en -eau, -au, -aud... [o]

Augustin remplit le tonneau avec un seau d'eau.

RÈGLE

Un certain nombre de noms terminés par le son [o] s'écrivent -eau :
un tonneau, l'eau, un seau.

Attention : il existe d'autres terminaisons : un crapaud.

noms en -eau				
l'agneau	le bureau	l'escabeau	le pinceau	le roseau
l'anneau	le cadeau	le hameau	le pruneau	le taureau
le barreau	le carreau	le panneau	le radeau	le traîneau
le berceau	le château	le lionceau	le réseau	le vaisseau

noms en -au		-aud	-aut	-aux
l'étau	le joyau	le crapaud	l'artichaut	la faux
le noyau	le tuyau	le réchaud	l'assaut	le taux

EXERCICES

136 Complète les noms.
le flamb...   le plum...   le band...   le poir...   le rad...   le traîn...
le trét...   le joy...   le blair...   le boul...   le crap...   le caniv...

137 Complète les noms.
Le maquer... est un poisson de mer. — Le cordonnier enfonce les pointes avec son mart... . — La fable nous apprend que le chêne est plus fragile que le ros... . — Le taur... a l'air bien menaçant. — Toutes les écoles seront-elles bientôt reliées au rés... Internet ? — Je ne prendrai qu'un petit morc... de gât... . — Robert déguste un plat... de fruits de mer.

138 Complète les noms.
Lucas a la p... fragile : il attrape des coups de soleil sur le nez s'il ne porte pas de chap... . — Le peintre étale la peinture avec un gros pinc... ou avec un roul... . — Du temps de mes parents, le tabl... en classe était noir ; maintenant, il est souvent blanc. — Pour sa fête, Viviane recevra un cad... original : un petit chat ! — Nous nous sommes perdus car le pot... indicateur était illisible.

139 Vocabulaire à retenir
le tableau — le plateau — le rouleau — le château — le réseau

Noms en -ot, -os, -o, -op, -oc [o]

Dans l'enclos, le shérif attrape au lasso l'escroc
qui s'enfuyait au galop avec les lingots d'or.

RÈGLES

1. Beaucoup de noms qui se terminent par le son [o] s'écrivent -ot
ou -os, ou encore -o : le lingot, l'enclos, le lasso.

Quelques-uns s'écrivent -oc ou -op : un escroc, le galop.

2. Il est souvent possible de trouver la dernière lettre à l'aide d'un
mot de la même famille : le galop → galoper ; l'escroc → escroquer.

noms en -ot		-os	-o	-op
le bibelot	le goulot	le chaos	le cacao	le galop
le chariot	le haricot	le dos	le lavabo	le sirop
le coquelicot	le maillot	l'enclos	le numéro	**-oc**
l'escargot	le paquebot	le propos	le piano	l'accroc
le fagot	le tricot	le repos	zéro	le broc

EXERCICES

140 À l'aide d'un autre mot, explique la dernière lettre
de ces noms. *Exemple* : tricot → tricoter.
le dos — le flot — le trot — l'accroc — le sanglot — le capot — le repos.

141 Complète les noms.
En classe, nous étudions la germination du haric... . — Les enfants font une
partie de domin... . — Annie joue une berceuse au pian... . — Le malade boit
du sir... pour calmer sa toux. — Le coquelic... a de beaux pétales rouges.

142 Complète les noms.
Polichinelle a une bosse sur le do... et un habit plein de grel... . — Le rab...
glisse sur la planche. — Je mangerai du gig... aux haric... . — Le mul... est
un petit rat des champs. — La partie étroite d'une bouteille s'appelle le
goul... . — Le cheval réduit son allure ; il passe du gal... au tr... .

143 Emploie chacun de ces noms dans une courte phrase.
le chariot — le robot — le hublot — les propos — le lavabo — le métro.

144 Vocabulaire à retenir
le capot — la radio — la moto — le numéro — le studio

25ᵉ leçon

Noms en -et, -aie

En sciant du bois Raoul s'est fait une plaie au poignet.

RÈGLES

1. La plupart des noms masculins qui se terminent par le son [ε] s'écrivent **-et** : le poign**et**, le siffl**et**.

Mais il existe d'autres terminaisons (-ai, -ais, -ait, -ect, -ès, -ey…) :
le qu**ai**, le franç**ais**, le l**ait**, l'asp**ect**, le succ**ès**, le pon**ey**…
Il est prudent de vérifier l'orthographe dans un dictionnaire.

2. Les noms féminins qui se terminent par le son [ε] s'écrivent **-aie** :
la pl**aie**, la monn**aie**.

Exceptions : la pai**x**, la forê**t**.

noms masculins en -et			noms féminins en -aie		
l'alphabet	le coffret	le paquet	la baie	la haie	la raie
le bonnet	le duvet	le jouet	la craie	la pagaie	la taie

noms masculins					
-ai	**-ais**	**-ait**	**-ès**	**-ect**	**-ey**
le balai	le palais	le souhait	le succès	le respect	le jockey

EXERCICES

145 **Complète ces noms.**

le fou…   le tick…   le poign…   le poul…   la pag…   le bonn…
le ricoch…   la for…   la p…   le carn…   le souh…   le refl…
le briqu…   la r…   le progr…   le croch…   l'asp…   le jou…

146 **Complète les noms.**

Le voyageur prend son bill… au guich… de la gare. — Heidi habite un chal…
au somm… de la montagne. — Les oiseaux se cachent dans la h… . — Notre
alphab… comprend vingt-six lettres.

147 **Complète les noms.**

L'aspirateur remplace aujourd'hui le bal… . — C'est avec beaucoup de resp…
que les courtisans entraient au pal… de Versailles où vivait le roi. — J'ai mal
au moll…, je ne pourrai pas jouer au football.

148 Vocabulaire à retenir

le guichet — le poulet — le bonnet — la forêt — la paix

Noms masculins en -er, -é

Le sanglier ravage les champs de blé.

RÈGLE

Les noms masculins qui se terminent par le son [e] s'écrivent le plus souvent -er : le sanglier, le poirier, le pommier, le pêcher, le verger.

Attention :

1. Quelques noms s'écrivent -é : le blé, le canapé, le pré, le thé...

2. On écrit avec -ée : le musée, le lycée, le scarabée...

3. On écrit : le pied, le nez.

---

noms en -er					noms en -é
l'acier	le bûcher	le collier	le gosier	l'osier	le fourré
l'atelier	le clavier	le damier	le gravier	le quartier	le marché
le balancier	le clocher	le gibier	le grenier	le routier	le pâté

EXERCICES

149 **Écris les noms féminins correspondant à ces noms masculins.**
l'infirmier — l'étranger — le boucher — le caissier — le boulanger.

150 **Écris le nom en -er correspondant à chacun de ces noms.**
Exemple : la fraise → le fraisier.
la cloche — la serrure — la voile — la charpente — la planche — la prison.

151 **Complète les noms.**
À cinq heures, les Anglais boivent le th... : c'est sacré ! — D'un magistral coup de pi..., tu as expédié le ballon dans les buts adverses. — Le camionneur doit livrer des barres d'aci... sur un chanti.... — Damien ne retrouve plus le cahi... qu'il avait rangé dans son casi....

152 **Complète les noms.**
Le charcuti... prépare un pât... en croûte. — En dérapant sur le gravi..., l'automobiliste s'est retrouvé dans le foss.... — Au petit déjeun..., tu bois du caf... au lait. — J'ai pris un coup de soleil sur le n....

---

153 Vocabulaire à retenir

le cahier — le casier — le gravier — le café — le fossé — le thé
le marché — le pâté — le canapé — le nez — le pied

▶ **27ᵉ** leçon

Noms féminins en -ée

La fée a transformé l'araignée en dragée.

RÈGLE

Les noms féminins qui se terminent par le son [e]
s'écrivent le plus souvent -ée : la fée, l'araignée, la dragée.

Exceptions : la clé et la plupart des noms dont la finale
se prononce [te] ou [tje] : la cité, l'amitié.

---

noms féminins en -ée					
l'assemblée	la chicorée	l'entrée	la gorgée	la matinée	la soirée
la bouée	la corvée	l'épée	l'idée	la pincée	la traversée
la bouffée	la denrée	la fumée	la marée	la poignée	la vallée

EXERCICES

154 Écris le nom féminin en -ée **correspondant à chacun
de ces noms.** *Exemple* : le val → la vallée.
le tour — la pince — le jour — le rang — l'arme — le soir — le matin.

155 Donne un nom de la famille de ces mots exprimant
le contenu. *Exemple* : le nid → la nichée.
le bras — la cuiller — le poing — la bouche — la gorge — le bec.

156 Complète ces noms.
Nous attendons l'arriv... du train. — La fus... Ariane décolle à l'aube. —
La rentr... des classes a lieu dès la fin août pour certains élèves. — La
gel... blanchit les jardins. — Il m'est difficile de programmer l'enregistre-
ment car j'ignore la dur... du film.

157 Complète ces noms.
Les enfants apportent des brass... de foin aux poneys. — Au mariage
d'Olivier, on a mangé des drag... . — À la tomb... de la nuit, Vénus est la
première étoile à briller. — Il n'est pas prudent de cacher sa cl... sous le
paillasson. — Le musée présente une collection de poup... anciennes. — La
fum... sort de la chemin... . — Les avions à réaction laissent des traîn...
blanches dans le ciel.

158 Vocabulaire à retenir
la poignée — la journée — la fusée — la matinée — la durée — la vallée

Noms féminins en -té et en -tié

La fidélité est la base de l'amitié.

RÈGLE

Les noms féminins qui se terminent par les sons [te] et [tje] s'écrivent généralement sans **e** : la fidélité, l'amitié.

Exceptions :
• la dict**ée**, la mont**ée**, la jet**ée**, la port**ée**, la pât**ée**,
• les noms exprimant le contenu : une assiett**ée**, une brouett**ée**.

---

noms féminins en -té					en -tié
l'agilité	la clarté	la fermeté	l'habileté	la quantité	l'amitié
la beauté	l'égalité	la fierté	la légèreté	la santé	la moitié

EXERCICES

159 Donne le nom en -té correspondant à ces adjectifs qualificatifs.
Exemple : fidèle → la fidélité.
sale — habile — ferme — bon — loyal — gai — vital — vrai — valide

160 Fais l'exercice selon l'exemple suivant.
Exemple : la pierre dure → la dureté de la pierre.
l'eau limpide — le danseur léger — la mer immense — la terre fertile — l'acrobate agile — le loup vorace — un panneau mobile — un fruit acide.

161 Donne le nom exprimant le contenu, correspondant à chacun de ces noms. *Exemple* : Le contenu d'une pelle est une pelletée.
la brouette — la charrette — l'assiette — le plat — la cuve — le pot.

162 Complète ces noms.
À conserver à l'abri de l'humidit... . — J'ai mangé une moiti... de pomme. — Il rougit par timidit... . — Je suis content de l'amiti... que me porte Jérôme. — Je donne la pât... au chien. — Le camion lourdement chargé peine dans la mont... . — Le bateau est amarré à l'extrémit... de la jet... .

163 Emploie ces noms dans un texte de ton choix.
la clarté — la santé — la liberté — la volonté — la quantité.

164 Vocabulaire à retenir
la liberté — l'égalité — la fraternité — la bonté — l'amitié

► Révision

165 Complète ces mots par br, pr, cr, gr ou tr.

Lorsqu'il y a du ...ouillard sur l'autoroute, on doit réduire sa vitesse.
— La jonquille fleurit au ...intemps. — Le ...ocodile vit dans les fleuves
...opicaux. — Le ...onc de l'ar...e est recouvert de lierre. — Le ...abe
pince le pêcheur im...udent. — Avec les calcula...ices, plus besoin de faire
les ...euves des opérations. — Marie-Hélène tient son cheval par la ...ide.
— Le mar...e est une pierre très dure avec laquelle on couvre les sols. — J'ai
fait une ...ande ...omenade en ...aîneau : c'était amusant.

166 Complète ces mots par m ou n.

L'éléphant a une lo...gue tro...pe. — Le petit garçon joue du ta...bour.
— Le train traverse la ca...pagne. — Tu marches à gra...des e...ja...bées. —
La ra...pe de l'escalier est en bois. — Il s'est e...foncé une punaise dans le
pied. — La te...pête souffle ; les bateaux re...trent au port. — Les cha...pions
e...portent au vestiaire la coupe qu'ils ont gagnée. — Le co...ptable vérifie la
co...ptabilité du commerçant. — Le pêcheur tre...pe sa ligne dans l'eau et il
atte...d ! — Le co...pteur kilométrique du camion ne fonctionne plus.

167 Complète ces mots par g ou j.

L'oran...e est un fruit riche en vitamines. — L'horlo...e sonne les douze
coups de midi. — Cet immeuble a plusieurs éta...es . — Le ber...er alle-
mand est un bon chien de garde. — La vidan...e du moteur doit être faite
rapidement. — La ...irouette tourne en haut du clocher. — Ils viendront
...eudi.

168 Complète ces mots par g ou ge.

Les pi...ons envahissent la place Saint-Marc de Venise. — Les feuilles sortent des bour...ons. — Je bois un verre d'oran...ade. — Bertrand a la
rou...ole. — Certains matins d'hiver, le ...ivre recouvre le pare-brise des
automobiles. — L'acteur porte un ...ilet brodé et un chapeau à plumes.

169 Complète par un h, s'il y a lieu.

L' ...ôtel de ville est entouré d'une ...aie. — Le soleil se lève à l' ...orizon.
— Certains pays d'Afrique produisent toute l'année des ...aricots verts qu'ils
nous expédient. — Ce petit avion de tourisme a deux ...élices. — Le ...éron
fréquente les étangs et les marais à la recherche de nourriture. — L' ...abeille
est utile, mais gare à ses piqûres.

170 Complète par ill ou y.

Je bois un bol de bou...on. — Vous trouverez le matériel nécessaire aux
réparations de votre appartement au ra...on « Bricolage ». — Un ma...on de
la chaîne de mon vélo s'est cassé. — Pour éviter la pollution de l'air, les
tu...aux d'échappement des véhicules doivent être de bonne qualité.
— À la fin de la partie, les joueurs échangent leur ma...ot. — Je corrige
mon travail avec un cra...on noir.

171 Complète ces mots par au ou o.

Il tenait une brosse à dents dans la p…me de sa main. — Les p…pières protègent les yeux. — Le puy de Sancy est un v…lcan éteint. — Le marin admire la vaste étendue de l'…céan devant lui. — Le v…tour se nourrit de vieilles carcasses. — Monsieur Richet déjeune au rest…rant.

172 Complète par -ent, -anc ou -amp.

On entend le grondem… du tonnerre. — « L'arg… ne fait pas le bonheur », dit le proverbe. — La forêt vierge est pleine de serp…s. — Chacune des équipes est dans son c…, l'arbitre peut siffler l'engagem… de la partie. — En France, le pain est un alim… fort apprécié. — Assis sur un b…, les enfants de l'école maternelle attendent leur maman. — Pour dégager ce véhicule couché sur le fl…, il faudra utiliser un camion-grue.

173 Complète par la lettre qui convient.

Aujourd'hui, on n'utilise plus de tuyaux en plom… dans les maisons. — La scie électrique est un outi… dangereux ; il faut prendre des précautions pour s'en servir. — Le montagnar… est habitué au froi…. Les auto-stoppeurs sont au bor… de la route depuis longtemp… : ils attendent. — Ce li… est garni d'un bon matela… en mousse.

174 Complète ces noms par -eur, -eure ou -eurre.

La vap… d'eau se condense contre la vitre froide. — Offrir une fl…, cela fait toujours plaisir. — L'étudiant travaille avec ard…. — Cette commode ancienne a beaucoup de val…. — Le Chaperon Rouge portait un pot de b… à sa grand-mère. — Il est l'h… de partir pour l'école. — Ses grands-parents vivaient dans une vaste dem… en Bourgogne.

175 Complète les noms.

Le feu laisse de la sui… dans la cheminée. — Les chevaux rentrent à l'écuri…. — Perdus en montagne, les randonneurs ont la chance de trouver une bergeri… pour y passer la nuit. — La pharmaci… de garde est à l'autre bout de la ville. — « La fourmi… n'est pas prêteuse », dit la fable.

176 Complète les noms.

La figur… dissimulée par un masque noir, Zorro attaque les traîtres. — Le maçon perce une ouvertur… dans ce m…. — La doublur… du manteau est déchirée. — Ce n'est pas joli de regarder par le trou de la serrur… ! — Le magasin annonce les dates de sa fermetur… annuelle.

177 Complète par -oir ou -oire.

Ce dev… de mathématiques est long et compliqué. — La mém… de son ordinateur a une grande capacité. — Laurent nettoie la mange… de ses oiseaux. — Le pompiste verse l'essence dans le réserv…. — L'enfant a du chagrin parce que la fin de l'hist… est triste : maman lui tend un mouch….

178 Complète ces noms par eau ou au.
Le corb... niche dans le peuplier. — Monsieur Rey se rend à son bur... .
— Le tuy... d'échappement est percé : quel bruit ! — La pêche est un fruit
à noy... . — Le drap... des Jeux olympiques flotte sur le stade.
— Ces cis...x ne sont pas des instruments faits pour les gauchers.

179 Complète ces noms par -ot, -op, -os ou -o.
Le coquelic... perd ses pétales rouges dès qu'il est cueilli. — Tu portes un
joli tric... de laine. — Je suis fatiguée, un peu de rep... me ferait beaucoup
de bien. — Agnès apprend à jouer du pian... . — Le cavalier met son cheval
au gal... . — Le père Noël a une hotte sur le d... . — L'escarg... mange les
salades du jardin.

180 Complète par -et ou -aie.
Les hôtesses offrent un bouqu... au vainqueur de l'étape. — Le roitel... est
un petit oiseau, ou un petit roi, selon le sens ! — L'épicier rend la monn...
au client. — L'enfant a cassé son jou... préféré. — Vous glissez sur le
parqu... trop ciré. — Le dompteur fait claquer son fou... . — Les supporters
font une h... d'honneur à leur équipe. — Normalement, la cr... est blanche,
mais on fabrique aussi des cr...s colorées.

181 Complète les noms par -er ou -é.
Ce matin, je prends mon petit déjeun... : un bol de caf... au lait et
trois tartines beurrées. — En Beauce, les cloch... des églises se voient de
loin. — Ici, le march... a lieu tous les jeudis. — Fatigué, le routi... dort dans
sa cabine.

182 Complète les noms.
Pour expédier la fusé... dans le cosmos, il faut une forte poussé...
des réacteurs. — L'épé... est tranchante. — Le malade prend une cuilleré...
de sirop. — Je bois une gorgé... de thé au citron. — La poigné... de la porte
est cassée. — Le gazon de l'allé... est couvert de rosé... . — J'ai perdu
la clé... du garage ; comment allons-nous entrer ?

183 Complète les noms.
La légèret... de cette ballerine est un vrai régal. — Nous travaillons à la
clart... de la lampe. — Nous sommes en bonne sant... . — Cet immeuble
est dans un état de propret... remarquable. — Je relis la dict... , peut-être y
a-t-il encore quelques erreurs. — Les vagues se brisent sur la jet... .

Grammaire

29ᵉ leçon

Le pluriel des noms

le carrefour   un carrefour
les carrefours   des carrefours

RÈGLES

1. Pour former le pluriel des noms, on ajoute souvent un **s** au nom singulier :
le carrefour   →   les carrefour**s**.
[un seul (**singulier**)]   [plusieurs (**pluriel**)]

2. Pour accorder le nom, je regarde le déterminant placé devant lui :
un carrefour   →   des carrefour**s**.
[un seul (**singulier**)]   [plusieurs (**pluriel**)]

Remarque :
Les noms terminés par **s**, **x** ou **z** au singulier ne changent pas au pluriel :
le tapi**s**, les tapi**s**   la noi**x**, les noi**x**   le ne**z**, les ne**z**.

EXERCICES

184 Recopie ces noms au singulier, puis écris-les au pluriel.

le carnet   l'étiquette   la gomme   la trousse   le buvard
le classeur   l'éponge   la règle   le cartable   l'équerre

185 Recopie ces noms au singulier, puis écris-les au pluriel.

la souris   le bois   la voix   la brebis   la croix
le riz   le gaz   le poids   le choix   le prix

186 Écris les noms en bleu au pluriel.
L'élève efface la tache d'encre. — Monsieur Saunier raconte une aventure de
sa jeunesse. — Le comptable vérifie la facture. — Nous cherchons
un catalogue dans le tiroir. — Le cortège défile sur le boulevard.

187 Écris les noms en bleu au singulier.
La couturière a préparé les costumes du spectacle. — L'aigle plane dans les
airs. — Les poings en l'air, le boxeur monte sur le ring. — Je lave les verres.
— Vous flânez dans les rues. — Le cheval franchit les fossés.

188 Trouve trois noms d'oiseaux, trois noms de poissons, trois
noms de fleurs, trois noms de fruits, et écris-les au pluriel.

---

189 Vocabulaire à retenir

la crêpe — la fenêtre — la tête — le boulevard — le brouillard

---

Le pluriel des noms en -eau ou -au et en -eu

le cadeau   le tuyau   le feu
les cadeaux   les tuyaux   les feux

RÈGLE

Les noms qui se terminent par **-eau**, **-au** ou **-eu** prennent un x au pluriel :
les cadeaux   les tuyaux   les feux.

Exceptions : les pneus, les landaus.

EXERCICES

190 **Recopie ces noms au singulier, puis écris-les au pluriel.**

le berceau   le château   le cerceau   l'oiseau   le lieu
le drapeau   le caniveau   le chapeau   le seau   l'étau

191 **Recopie ces noms au singulier, puis écris-les au pluriel.**

le museau   l'essieu   le noyau   le rouleau   le milieu
le pinceau   le neveu   le tuyau   le moyeu   le pneu

192 **Accorde les noms entre parenthèses.**

On dit que les (corbeau) portent malheur. — Les (chameau) traversent le désert. — Les (bouleau) poussent souvent dans les (région) froides. — Les (bateau) luttent contre la tempête. — La poupée a des (cheveu) fins. — Les voyageurs font leurs (adieu) à leur famille.

193 **Accorde les noms entre parenthèses.**

J'adore les (gâteau) au chocolat. — Le long des (ruisseau) poussent des (jonc) et des (roseau). — Les (visiteur) admirent les (joyau) de la reine d'Angleterre. — Les (policier) ont obtenu les (aveu) des (coupable).

194 **Accorde les noms entre parenthèses.**

Dans la caisse du plombier, il y a des (pince) et des (marteau). — En classe, il y a plusieurs (tableau). — Les (maçon) utilisent des (niveau) à bulle. — Madame Houssec a décidé de changer les (carreau) de sa salle de bain. — À l'école, les (jeu) violents sont défendus.

195 Vocabulaire à retenir

le gâteau — le bateau — le jeu — le milieu — un adieu

Le pluriel des noms en -al et en -ail

un	journal	un	vitrail
des	journaux	des	vitraux

RÈGLES

1. La plupart des noms qui se terminent par **-al** font leur pluriel en **-aux** :
un journ**al**, des journ**aux**.

2. Quelques noms qui se terminent par **-ail** font leur pluriel en **-aux** :
un vitr**ail**, des vitr**aux**.

3. Les noms dont le singulier est en **-al** ou en **-ail** et le pluriel en **-aux**,
ne prennent pas de **e** dans la terminaison de leur pluriel.

   Des journ**aux**   sans e puisque le singulier est   un journ**al**.
   Des bat**eaux**   avec e puisque le singulier est   un bat**eau**.

EXERCICES

196 Recopie ces noms au singulier, puis écris-les au pluriel.

le poireau	le troupeau	le bureau	le marteau	le local
le végétal	le rideau	le couteau	le pruneau	le corail

197 Recopie ces noms au pluriel, puis écris-les au singulier.

les ruisseaux	les hôpitaux	les cerceaux	les totaux	les veaux
les bocaux	les oiseaux	les radeaux	les seaux	les traîneaux

198 Complète par **-aux** ou **-eaux**. Écris le nom singulier
entre parenthèses.

Exemple : Les journaux (le journal) sont posés sur les bureaux (le bureau).
Une entreprise fait des trav... dans ma rue. — Les vignes couvrent les cot...
alsaciens. — Il fait si froid que des crist... de glace se forment sur les vitres.

199 Complète par **-aux** ou **-eaux**.

Les génér... exercent dans l'armée de terre et les amir... dans la marine.
— Le train passe quand les sign... sont ouverts. — Il souffre parfois de m...
de tête. — Les enfants construisent des chât... de sable. — L'or et l'argent
sont des mét... précieux. — Le lion et le tigre sont des anim... prédateurs.

200 Vocabulaire à retenir

le général — le signal — l'animal — le cheval — le journal — le métal

32ᵉ leçon

Le pluriel des noms en -ou

un **verrou**   un **chou**
des **verrous**   des **choux**

RÈGLE

Les noms qui se terminent par **-ou** prennent un **s** au pluriel :
le verr**ou**, les verr**ous**.

Exceptions : sept noms prennent un **x** au pluriel, **bijou, caillou,
chou, genou, hibou, joujou, pou** : un bij**ou**, des bij**oux**.

EXERCICES

201 Recopie ces noms au singulier, puis écris-les au pluriel.

le matou	le trou	le caillou	le bambou	le joujou
le bijou	le chou	l'écrou	le sou	le cou

202 Recopie ces noms au pluriel, puis écris-les au singulier.

les genoux	les coucous	les cailloux	les hiboux	les caribous
les clous	les époux	les fous	les boubous	les chouchous

203 Écris les noms entre parenthèses au pluriel.

Les (acajou) fournissent un bois très dur. — Les (biniou) jouent un vieil air
breton. — Les (clou) sont en acier. — Le jour du carnaval, les enfants font
les (fou). — Il y a trois (verrou) sur la porte. — Il a commandé des (chou)
à la crème chez le pâtissier. — Les (voyou) ont été punis.   Servis avec
une sauce à l'oseille, les (mérou) sont délicieux. — Sous l'Ancien Régime,
les (gabelou) contrôlaient la circulation du sel. — Savez-vous combien
faisaient cent (sou) ? Cinq francs !

204 Écris les noms entre parenthèses au pluriel.

Il existe des shampooings spéciaux pour se débarrasser des (pou).
— Les (kangourou) effectuent parfois des bonds de neuf mètres de long. —
Les (coucou) pondent leurs œufs dans les nids des autres oiseaux. — Maude
offre des (cachou) à ses camarades. — Madame Daru admire les (bijou) de
la vitrine. — Le peintre rebouche les (trou) du mur avant de tapisser. —
Louis s'est écorché les (genou) en tombant sur des (caillou).

---

205 Vocabulaire à retenir

les bijoux — les cailloux — les choux — les genoux — les hiboux
les joujoux — les poux

► **33ᵉ** leçon

L'accord du nom

le livre	**votre** livre
les livres	**vos** livres

RÈGLES

1. Pour accorder le nom, je regarde le déterminant placé devant lui :
un livre, **les** livre**s**, **des** livre**s**.

2. Il y a d'autres déterminants que **les** et **des** qui marquent le pluriel.
Ils ont une terminaison de pluriel en -**s** ou en -**x** :
mes livres, **ce**s livres, **au**x livres.

Attention :
À partir de **deux**, les adjectifs numéraux indiquent toujours le pluriel,
même s'ils ne se terminent pas par -s ou -x.
quatre livre**s**, **sept** livres, **huit** livres.

Singulier	Pluriel	Singulier	Pluriel
le livre	**les** livres	**leur** livre	**leur**s livres
un livre	**des** livres	**ce** livre	**ce**s livres
mon livre	**me**s livres	**aucun** livre	**quelque**s livres
ton livre	**te**s livres	**au** livre	**au**x livres
son livre	**se**s livres	**chaque** livre	**plusieur**s livres
notre livre	**no**s livres	**un** livre	**quatre** livres

EXERCICES

206 **Accorde ces noms.**

tes main… nos chant… leur jambe… votre bol… chaque jour…
ce livre… aux élève… ses sac… leurs ami… plusieurs lit…
au marché… vos jouet… ces ville… notre rue… leurs affaire…

207 **Écris ces noms au pluriel.**

une chanson   ton soulier   leur doigt   votre cousin   leur rue
la salade   ta clé   mon talon   notre mur   ce clocher
ma poche   son tricot   ce jardin   la vache   son gant

208 **Accorde les noms entre parenthèses.**
Heureusement que le Petit Poucet a semé des (caillou). — Les (clou) sont
rouillés. — Les (hibou) chassent la nuit. — Le maçon fait des (trou) dans le
mur. — Le soir, on pousse les (verrou) du portail. — Ces (chou) sont gros
et bien pommés. — Les (genou) des footballeurs sont fragiles ; les entorses
sont fréquentes.

209 Accorde les noms entre parenthèses avec les déterminants.

Il cire ses (soulier). — Nous aidons nos (parent). — Benjamin relit sa (copie). — Vos (casserole) brillent. — Je cueille des (fleur). — J'ai reçu plusieurs (lettre). — Ces (cravate) sont neuves. — Vous appuyez sur les (touche) du clavier. — Il fait froid, je prends mon (anorak). — Monsieur Duret fait griller des (saucisse) et des (merguez). — Il ne faut pas tuer les (rapace), car ils mangent les (rat), les (souris) et les (mulot) qui détruisent les récoltes.

210 Accorde les noms entre parenthèses avec les déterminants.

Ces (gaz) sont légers. — Ce (ballon) est rouge. — Je n'ai pas compris leurs (question). — Les (perdrix) se cachent dans les (sillon). — Chaque (chien) a un collier. — Nous mangeons des (noisette). — Cette (voiture) est à vendre. — Votre (veste) est froissée. — L'ouvrier range ses (outil). — Nous finissons nos (devoir). — Je lis des (conte) et des (légende).

211 Accorde les noms entre parenthèses.

Votre (victoire) ne se discute pas ; vos (résultat) sont là. — Avec sa nouvelle (moto), monsieur Sarin souhaite participer au (rallye) des (sable). — Nous soignons notre (cahier) et nous apprenons nos (leçon). — Tu joues aux (dame). — Six (heure) sonnent au (clocher) du village. — Tu jettes des (miette) de pain aux (moineau). — J'ai reçu plusieurs (lettre). — Je passerai quelques (jour) au (centre) aéré.

212 Accorde les noms entre parentheses.

Les (élève) effacent les (tableau). — Le peintre nettoie ses (pinceau). — Les (pneu) de la (voiture) crissent dans les (virage). — Les (drapeau) claquent au vent. — Les (feu) tricolores sont éteints ; il faut redoubler de prudence. — Les (anneau) olympiques symbolisent les cinq (continent). — La fillette a des (cheveu) blonds. — Ces (ciseau) ne sont pas faits pour couper des (dossier) cartonnés.

213 Complète par au ou aux.

Nous irons ... théâtre. — Des banderoles flottent ... fenêtres. — Ils arrivent ... sommet de la colline. — L'écureuil grimpe ... arbres. — Ma voiture est en panne, je vais la faire réparer ... garage. — Nous allons ... square pour jouer ... billes. — Tu campes ... cœur de la forêt de l'Aigle.

214 Accorde les noms entre parenthèses.

Je joue aux (carte). — Tu fais une tarte aux (fraise). — Il va au (guichet). — Le moniteur apprend le ski aux (garçon) et aux (fille). — Nous sommes allés au (restaurant) où nous avons mangé de l'omelette aux (morille).

215 Vocabulaire à retenir

le chant, le chanteur, chanter — les miettes, les pincettes

34ᵉ leçon

Le genre de l'adjectif qualificatif

un quartier animé   le bon   numéro   un ruban violet
une place   animée   la bonne carte   une étoffe violette

RÈGLES

1. L'adjectif qualificatif accompagne le nom et le précise.

2. Si le nom est masculin, l'adjectif qualificatif est aussi masculin.
Si le nom est féminin, l'adjectif qualificatif est aussi féminin.

3. On forme souvent le féminin de l'adjectif qualificatif en ajoutant un e à l'adjectif masculin :
    un quartier **animé**
    une place **animée**.

4. Au féminin, certains adjectifs qualificatifs doublent la dernière consonne avant le e final :
    le bon numéro   le ruban violet
    la bonne carte   l'étoffe violette.

EXERCICES

216 Accorde les adjectifs qualificatifs.
Exemple : (intéressant) → un dossier intéressant, une étude intéressante.

(violent) un vent, une tempête
(bel) un arbre, une église
(spécial) un train, une clé
(étroit) un sentier, une route
(mortel) un accident, une chute
(loyal) un ami, une âme
(crochu) un nez, une patte
(entier) un pain, une page
(orangé) un ruban, une étoffe
(postal) un code, une adresse

217 Accorde les adjectifs qualificatifs.

(gris) un pantalon, une cravate
(brutal) un geste, une parole
(paternel) le regard, la maison
(naturel) un produit, une fleur
(mensuel) un journal, une visite
(annuel) le gain, la dépense
(habile) un ouvrier, une ouvrière
(infernal) un bruit, une machine
(amical) un salut, une lettre
(oral) un exercice, une question

218 Accorde les adjectifs qualificatifs entre parenthèses.
Adèle a une ceinture (doré). — Cette maison possède une terrasse (ensoleillé). — Les petits enfants vont à l'école (maternel). — Renaud porte une veste (bleu). — Le marin se prépare pour une sortie en mer très (matinal). — Autrefois, la vie (rural) était très (dur) parce qu'il y avait peu de machines agricoles. — Pour répondre à ce courrier, il faut joindre une enveloppe (timbré). — La danseuse porte une robe (pailleté).

Le genre de l'adjectif qualificatif *(suite)*

un geste doux	un cartable léger	un vase fragile
une main douce	une sacoche légère	une tasse fragile

RÈGLES

1. D'autres adjectifs qualificatifs changent leur dernière lettre :

un cri joyeux   un geste doux

une voix joyeuse   une main douce.

2. Les adjectifs qualificatifs qui se terminent par **-er** font leur féminin en **-ère** : un cartable léger, une sacoche légère.

3. Les adjectifs qualificatifs qui se terminent par un **e** au masculin, ne changent pas au féminin : un vase fragile, une tasse fragile.

EXERCICES

219 **Accorde les adjectifs qualificatifs entre parenthèses.**

La cité (ouvrier) de cette région (minier) est désormais à l'abandon : il n'y a plus d'emplois. — Monsieur Fortune verse tous les mois une rente (viager) à monsieur Lech. — Samir est resté une heure (entier) sous la pluie à attendre l'autobus. — La navigation (côtier) est importante dans le golfe de Gascogne. — Je dévore les éclairs garnis d'une crème (pâtissier) fort (appétissant) !

220 **Emploie ces adjectifs qualificatifs avec un nom masculin, puis avec un nom féminin.**

Exemple : inégal → un sol inégal, une surface inégale.

têtu	agile	chaud	normal	manuel	joyeux
chevelu	sérieux	heureux	vertical	vilain	peureux

221 **Accorde les adjectifs qualificatifs entre parenthèses.**

Violaine a la (fâcheux) habitude de parler très fort lorsqu'elle téléphone. — D'un saut fantastique, le skieur franchit la barre (rocheux). — C'est une journée (radieux) ; j'en profite pour me faire bronzer. — Une (copieux) choucroute garnie nous attend ; heureusement que nous adorons ce plat. — Ce coureur possède une (sérieux) avance sur son suivant immédiat. — En voyant ce film, j'ai une (bizarre) impression de déjà vu.

222 Vocabulaire à retenir

l'hiver — la hauteur — heureux — cruel — violent — naturel

Le nombre de l'adjectif qualificatif

un **beau** fruit **mûr**
de **beaux** fruits **mûrs**

RÈGLES

1. Si le nom est singulier, l'adjectif qualificatif est au singulier.
Si le nom est au pluriel, l'adjectif qualificatif est au pluriel :
    un fruit **mûr** → des fruits **mûrs**.

2. Au pluriel, les adjectifs qualificatifs prennent un **s** et quelquefois un **x** :
    un fruit **mûr** → des fruits **mûrs**
    un **beau** fruit → de **beaux** fruits.

3. Les adjectifs qualificatifs terminés par **s** ou **x** au singulier
ne changent pas au pluriel :
    un pelage **gris** et **soyeux** → des pelages **gris** et **soyeux**.

4. Beaucoup d'adjectifs qualificatifs qui se terminent par **-al**
au masculin singulier font leur pluriel en **-aux** au masculin :
    un engin **spatial** → des engins **spatiaux**.

EXERCICES

223 Écris ces groupes au pluriel.

un archer adroit   un château royal   un enfant patient
un ami loyal   un train rapide   une jolie photo

224 Écris ces groupes au pluriel.

un journal local   un arbuste épineux   un beau jour
un métal précieux   une bonne galette   un sirop épais

225 Écris ces groupes au pluriel.

un pruneau sec   un mur solide   une branche flexible
un bonjour amical   un chou rouge   un produit naturel
un homme heureux   une route nationale   un meuble vermoulu

226 Écris ces groupes au singulier.

des propos sérieux   des spectateurs contents   des regards distraits
des détails nouveaux   des plaines fertiles   des routes agréables
des sens interdits   des loups voraces   des pompiers courageux
des murs gris   des sourires gracieux   des objets fragiles

227 Accorde les mots entre parenthèses.
Tu nous as offert de (délicieux chocolat). — Les (flot écumeux) se jettent contre les (rocher saillant). — Les (conseil entendu) à la télévision ne sont pas toujours judicieux. — Les (morceau collé) ne se détachent pas facilement. — Les (nombreux invité) du mariage portent des (vêtement élégant). — Les (déménageur) transportent de (lourde charge).

228 Accorde les mots entre parenthèses.
J'ai des (chaussure neuve). — À l'annonce des (premier résultat), nous sommes les (bras ballant). — Le carré a ses quatre (côte égal). — Ce restaurant ne sert que des (menu copieux). — Les (petite grenouille) vivent dans les (lieu humide). — Les (jeune feuille) sont d'une belle couleur claire.

229 Emploie chacun de ces adjectifs qualificatifs avec un nom masculin pluriel, puis avec un nom féminin pluriel.
Exemple : pointus → des crocs pointus, des dents pointues.

| grand | rond | jeune | soyeux | mauvais | véreux |
| petit | long | bon | vigoureux | blanc | orgueilleux |

230 Accorde les mots entre parenthèses.
Mes (petit frère) jouent dans la cour. — Les (vieux tracteur) s'enfoncent dans les (chemin boueux). — En fin de partie, nous avons vécu des (instant décisif). — Je feuillette mes (nouveau livre) avec plaisir — Le kangourou fait des (bond prodigieux). — Les (employé) ouvrent les (sac postal). — Ces (toile) ne sont que de (grossière imitation) de (tableau) de Picasso. — Les (numéro gagnant) se terminent souvent par un zéro.

231 Accorde les mots entre parenthèses.
Ces (fleur artificielle) sont très belles. — Stéphane visite les (appartement luxueux) du château de Cormatin. — La menthe et la camomille sont des (plante médicinale). — Les (taureau furieux) se battent. — Les (galion) partent pour des (pays lointain). — Les (souvenir familial) reviennent souvent dans nos (mémoire). — Laurence coiffe ses (cheveu châtain) en (natte épaisse).

232 Emploie ces adjectifs qualificatifs dans un court texte.
gentil — actuel — normal — beau — propre.

233 Écris trois phrases avec dans chacune d'elles un adjectif qualificatif au masculin pluriel et trois autres avec dans chacune d'elles un adjectif qualificatif au féminin pluriel.

234 Vocabulaire à retenir
courageux — vigoureux — copieux — furieux — boueux — dangereux délicieux — luxueux — sérieux

Grammaire 55

L'accord de l'adjectif qualificatif

Les élèves **attentifs** recopient les règles **énoncées**.

RÈGLES

1. L'adjectif qualificatif et le participe passé s'accordent en genre et en nombre avec le nom auquel ils se rapportent :
Les élèves **attentifs**, les règles **énoncées**.

2. Pour trouver ce nom, il faut poser, avant l'adjectif qualificatif ou le participe passé, la question : « **Qui est-ce qui... ?** »

« Qui est-ce qui »

est attentif ?   **les élèves** [masc. plur.]   donc **attentifs**
est énoncé ?   **les règles** [fém. plur.]   donc **énoncées**.

3. L'adjectif qualificatif et le participe passé placés près d'un nom sont épithètes de ce nom :
attentifs est un adjectif qualificatif épithète du nom **élèves** [masc. plur.]
énoncées est un participe passé épithète du nom **règles** [fém. plur.].

EXERCICES

235 Accorde les adjectifs qualificatifs.
Exemple : (pointu) → des clous pointus, des aiguilles pointues.

(vide) des magasins, des salles
(rond) des cailloux, des pierres
(léger) des flocons, des plumes
(noir) des bas, des vestes
(clair) des yeux, des chemises
(blanc) des cheveux, des cravates

(touffu) des buissons, des forêts
(long) des jours, des journées
(ancien) des meubles, des cheminées
(luxueux) des palais, des demeures
(lourd) des paquets, des valises
(épais) des livres, des crèmes

236 Accorde les adjectifs qualificatifs et les participes passés.

(loué) des logements, des maisons
(trié) des timbres, des images
(plumé) des poulets, des oies
(bleu) des papiers, des étoffes
(parfumé) des plantes, des jardins
(fertile) des sols, des terres

(empilé) des fagots, des bûches
(ciré) des chaussures, des souliers
(garni) des boîtes, des filets
(fané) des fleurs, des bouquets
(abattu) des chênes, des clôtures
(tendu) des fils, des cordes

237 Accorde les adjectifs qualificatifs et les participes passés.
Les alpinistes, (descendu) de la montagne, rentrent à l'hôtel. — Nous marchions à une allure (modéré). — Il a les cheveux (frisé). — Nous n'avons pas entendu les réponses (espéré). — Il porte des chaussettes (rayé). — Jean-Jacques travaille avec un (puissant) micro-ordinateur.

238 Accorde les adjectifs qualificatifs et les participes passés.
Devant des spectateurs (étonné), le magicien sort des lapins (vivant) de son chapeau. — En centre de vacances, Marlène a passé des moments (agréable). — Les marchands (installé) sur la place du marché vendent de la vaisselle. — On entre dans la (vieille) ville par des portes (monumental). — J'ai des bottes (fourré) très (confortable).

239 Accorde les adjectifs qualificatifs et les participes passés.
Les nattes (noir) de Sabrina encadrent un visage (souriant). — Monsieur Mazaud parcourt les couloirs (désert) du centre (commercial). — Les promeneurs (perdu) retrouvent leur chemin. — Les trains (annoncé) entrent en gare à l'heure (prévu). — Je lis souvent des bandes (dessiné).

240 Accorde les adjectifs qualificatifs et les participes passés.
Nous échangeons des saluts (amical). — Les gâteaux (aligné) dans la vitrine du pâtissier attirent les regards (gourmand). — Les arbres (abattu) gisent à terre. — Il est toujours bon de pouvoir compter sur des amis (dévoué). — Les navires (bloqué) par les glaces ont pu reprendre leur route. — La crème (glacé) à la fraise, c'est mon dessert (préféré).

241 Accorde les adjectifs qualificatifs et les participes passés.
Le fleuriste vend des fleurs (coupé). — Madame Brichot a toujours une histoire (amusant) à raconter. — Nous gobons des œufs (frais). — Il se dirige vers moi, les deux mains (tendu). — À cause du soleil, nous avons laissé les rideaux (baissé). — En toutes circonstances, madame Victor sait prendre des décisions (énergique). — Le match se dispute dans une salle (communal) (aménagé) en gymnase.

242 Accorde les adjectifs qualificatifs et les participes passés.
Les disques sont enregistrés dans des salles (insonorisé). — Sa toilette (terminé), Steven enfile une chemise (chaud). — La terre fraîchement (labouré) attend le grain. — Chaque matin, je mange plusieurs tartines (beurré). — Au bal (costumé), beaucoup de femmes portent des robes aux couleurs (éclatant).

243 Écris une phrase avec chacun de ces adjectifs qualificatifs ou de ces participes passés employés comme épithètes.
fort — grand — perdu — rentré — cassé — dur.

244 Écris trois phrases en employant dans chacune d'elles un adjectif qualificatif ou un participe passé épithète de ton choix.

245 Vocabulaire à retenir
l'allure — installer — la botte — la natte — attirer

Le participe passé employé comme adjectif qualificatif

L'enfant **émerveillé** admire le sapin **garni** de guirlandes.
Le train **attendu** a quelques minutes de retard.

RÈGLES

1. Le participe passé d'un verbe peut être employé comme adjectif :
L'enfant **émerveillé**, le sapin **garni**, le train **attendu**.

2. Le participe passé employé comme adjectif s'accorde avec le nom ;
il prend un **e** au féminin et un **s** au pluriel :
un enfant émerveillé, une fillette émerveillée, des enfants émerveillés.

3. Le participe passé se termine en **é** pour les verbes du 1er groupe :
émerveiller → émerveillé.

4. Le participe passé se termine en **i** pour les verbes du 2e groupe :
garnir → garni.

5. Pour les verbes du 3e groupe, les terminaisons peuvent être **u, i, s, t** :
attendre → attendu   suivre → suivi
mettre → mis   écrire → écrit.

EXERCICES

246 Complète selon le modèle.
Exemple : (barrer) → une rue barrée.
(tamiser) du sable…   (beurrer) une tartine…   (bloquer) une serrure…
(avertir) une personne…   (fondre) du chocolat…   (garantir) une montre…

247 Complète et accorde.
(téléguider) une fusée…   (agiter) une mer …   (engloutir) une cité …
(réfléchir) une action…   (suivre) un conseil…   (tordre) un fil de fer…
(prévoir) une réponse…   (dorer) une brioche…   (terrasser) un monstre…

248 Transforme ces expressions selon le modèle.
Exemple : verrouiller la porte → la porte verrouillée.

partager le gâteau	terminer un travail	fleurir la maison
découper la galette	terminer la semaine	fleurir le salon
allumer la lampe	essuyer le tableau	attendre une lettre
allumer le feu	essuyer la table	attendre un appel
escalader le rocher	démolir la porte	tendre la corde
escalader la pente	démolir le mur	tendre le câble

249 **Transforme ces expressions selon le modèle.**
Exemple : fendre des bûches → des bûches fendues.

aiguiser les couteaux	planter des rosiers	réserver des places
guérir les malades	adopter des enfants	choisir des images
rendre les livres	pondre des œufs	baisser les rideaux
cuire des pommes	garnir les boîtes	vendre des croissants

250 **Trouve les adjectifs correspondant aux verbes entre parenthèses et accorde.**

Le linge (laver), (repasser), bien (plier) trouve sa place dans l'armoire. — On met du persil (hacher) dans la salade. — La dépanneuse tire la camionnette (embourber). — Je mets du fromage (râper) dans les spaghettis. — Ses exploits (accomplir), Superman retourne dans les airs. — Le village (éclairer) par la lune s'endort.

251 **Trouve les adjectifs correspondant aux verbes entre parenthèses et accorde.**

J'achète des journaux (illustrer). — Les enfants présentent des mines (réjouir). — La vendeuse emballe le cadeau (choisir). — On apprécie les promesses (tenir). — La crème (battre) donne du beurre. — La circulation est plus facile sur les routes (élargir). — La côte (gravir) par les coureurs était rude. — L'œillet (faner) se dessèche. — La girouette (rouiller) grince. — Les vitrines (illuminer) brillent de mille feux à l'époque de Noël

252 **Trouve les adjectifs correspondant aux verbes entre parenthèses et accorde.**

Le petit enfant (perdre) dans la foule pleure à chaudes larmes. — La goélette (amarrer) au port se balance au gré de la vague. — Les pigeons (percher) sur la tête de la statue roucoulent. — Les bûches (couper) puis (fendre) s'empilent sous le hangar. — Les machines (entretenir) durent plus longtemps. — Il a les mains (rougir) par le froid.

253 **Emploie, comme un adjectif qualificatif, le participe passé de chacun de ces verbes dans une phrase.**

tomber	gronder	casser	enfouir	choisir	punir
couvrir	ouvrir	faire	prendre	lire	retenir
manger	laver	tourner	poncer	classer	ranger

254 **Écris un petit texte où tu utiliseras les participes passés employés comme adjectifs que tu choisiras.**

255 **Vocabulaire à retenir**

faire, fait — mettre, mis — ouvrir, ouvert — prendre, pris
fondre, fondu — boire, bu — perdre, perdu

Le participe passé et l'adjectif séparés du sujet par le verbe être

Nous **sommes enchantés** car les clowns **sont drôles**.

RÈGLES

1. Le participe passé et l'adjectif qualificatif peuvent être séparés du nom ou du pronom sujet par le verbe **être** :
> nous **sommes enchantés** ; les clowns **sont drôles**.

2. Le participe passé et l'adjectif qualificatif s'accordent toujours en genre et en nombre avec le nom ou le pronom auquel ils se rapportent :
> Les **clowns** [masc. plur.]   sont drôles [masc. plur.]
> **Nous** [masc. plur.]   sommes enchantés [masc. plur.].

Remarque : Si **nous** remplace des personnes de sexe féminin, l'adjectif s'accorde bien sûr au féminin :
> **Nous** sommes enchantées [fém. plur.].

3. L'adjectif qualificatif séparé du nom ou du pronom sujet par le verbe **être** est **attribut** du sujet.
> **drôles** est adjectif qualificatif, attribut du sujet **les clowns** [masc. plur.].

EXERCICES

256 Conjugue au présent puis à l'imparfait de l'indicatif.

être élégant   être fidèle   être distrait
être patient   être attentif   être curieux

257 Accorde les adjectifs qualificatifs et les participes passés.

L'histoire est (vrai).   Les colis sont (lourd).   Les prunes sont (mûr).
La cour est (dégagé).   Vous êtes (fâché).   Les rayons sont (garni).
Ils sont (isolé).   Ils sont (grand).   Ces chiens sont (gentil).
Nous sommes (poli).   Les boules sont (noir).   La corde est (tendu).
La salle est (désert).   La réponse est (bref).   Vous êtes (bronzé).
Maxime est (génial).   La confusion est (fâcheux).   La houle est (fort).

258 Accorde les adjectifs qualificatifs et les participes passés.

Les bols sont (fêlé).   Les plumes sont (léger).   Les fleurs sont (arrosé).
Les cibles sont (atteint). Ces pulls sont (ample).   La discussion est (vif).
Les murs sont (haut).   La chemise est (plié).   Les billes sont (rond).
Les rues sont (barré).   La morue est (salé).   Le village est (fleuri).
La mer est (agité).   Les résultats sont (bon).   L'acteur est (acclamé).

259 Accorde les adjectifs et les participes passés selon le modèle.
Exemple : les maisons (vendue) → les maisons vendues. — Les maisons sont vendues. — Les maisons étaient vendues.

les ballons (gonflé)   les arbres (tordu)   les murailles (démoli)
les bassins (vidé)   l'assiette (fendu)   les boîtes (rempli)
les outils (rouillé)   les mains (enflé)   les tableaux (admirable)
les prix (avantageux)   les dépassements (autorisé)   les verres (rincé)

260 Accorde les adjectifs et les participes passés.
Les arbres (fruitier) sont (planté) à des intervalles (régulier). — Les portes sont (verrouillé) pour la nuit. — Nous sommes (peiné) de votre départ (précipité). — Les camions sont (arrêté) au péage de l'autoroute. — La rivière déborde ; les champs sont (inondé) et les dégâts sont (considérable). — Elles étaient (fier) de leur performance. — Ces personnes (âgé) sont encore (alerte).

261 Accorde les adjectifs et les participes passés.
Les pommes de terre sont (arraché) et (étalé) ; elles seront (ramassé) quand elles seront (sec). — Les prévisions (météorologique) sont (bon). — Les voyageurs (muni) de leurs bagages sont (descendu) de l'autocar. — Ces mouchoirs sont (brodé). — Nous étions (groupé) autour de l'entraîneur. — Vous êtes (rentré) tard de votre promenade. — Les résultats du contrôle antidopage seront (analysé) et s'ils sont (positif), les coureurs seront (suspendu). — Les vêtements (soldé) ne seront ni (repris) ni (échangé). — Les sauveteurs sont (maintenu) en état d'alerte.

262 Accorde les adjectifs et les participes passés.
Les vacanciers étaient (logé) chez les habitants. — Les instruments sont (accordé), ils donnent des sons (harmonieux). Les opérations complexes sont (effectué) à l'aide d'une calculatrice. — La lettre (attendu) est enfin (arrivé). — Au (petit) matin, les fleurs étaient (trempé) de rosée. — Nous étions (pressé) de sortir du tunnel (envahi) par la fumée. — La charcuterie est (fermé), mais les boutiques (voisine) sont encore (ouvert).

263 Écris une phrase avec chacun de ces adjectifs ou de ces participes passés et emploie le verbe être.
petit — gourmand — partagé — vendu — signé.

264 Emploie, dans un petit texte, des adjectifs ou des participes passés de ton choix qui seront reliés au sujet par le verbe être.

265 Vocabulaire à retenir
arrêter, l'arrêt — entraîner, l'entraîneur — verrouiller, le verrou
descendre, la descente — étaler, l'étalage — inonder, l'inondation

40e leçon

L'accord du verbe

Laure déjeune à la cantine.
Les enfants quittent la classe.

> **RÈGLE**
>
> Le verbe s'accorde avec son groupe sujet. On trouve le sujet
> en posant, avant le verbe, la question « **Qui est-ce qui...?** » :
> « Qui est-ce qui »
> déjeune ?   **Laure** [3e pers. du sing.]   donc **déjeune**
> quittent ?   **Les enfants** [3e pers. du plur.] donc **quittent.**

EXERCICES

266 Écris les verbes au présent de l'indicatif ; entoure le sujet.
Tarzan (sauter) de branche en branche. — Le tracteur (tirer) une lourde remorque. — Les patineurs (glisser) sur la piste gelée. — Les maçons (monter) à l'échelle. — Le marinier (surveiller) le niveau des eaux. — Les étoiles (briller) dans le ciel. — Les villages anciens (conserver) un charme particulier. — Vous (renoncer) à lire toute la notice explicative.

267 Écris les verbes au présent de l'indicatif ; entoure le sujet.
Les musiciens (suivre) les indications du chef d'orchestre. — Les pâtissiers (vendre) de bons gâteaux. — En voulant desserrer l'écrou, monsieur Kernac (tordre) sa clé à molette. — À l'entrée de la ville, les automobilistes (ralentir), c'est plus prudent. — Les oiseaux (dévorer) les insectes. — Nous (attendre) le prochain train. — Les médecins (examiner) le malade. — Avant le départ de la course du tiercé, les chevaux (trottiner).

268 Écris les verbes à l'imparfait de l'indicatif.
Les oiseaux (chanter) dans les buissons. — Tu (trouver) la solution de l'énigme. — Les bûches (flamber) dans la cheminée. — On (s'allonger) sur le sable de la plage. — Nous (visiter) la vieille église romane. — Vous (choisir) des livres intéressants. — Des pas (retentir) dans l'escalier. — Les abeilles (butiner) le pollen des fleurs.

269 Avec chacun de ces verbes, écris une courte phrase.
Utilise des sujets singuliers et des sujets pluriels.
sauter — manger — allumer — partir — bâtir — vendre.

270 Vocabulaire à retenir
la ville, la villa, le village — expliquer, l'explication — indiquer, l'indication

62   Grammaire

L'accord du verbe avec deux sujets

Un **livre** et un **journal** trais**nent** sur la table.

RÈGLE

Deux sujets au singulier valent un sujet pluriel :
« Qui est ce qui »
traînent ? **un livre et un journal** [3e pers. du plur.] donc trais**nent**.

EXERCICES

271 Écris les verbes au présent de l'indicatif ; entoure les sujets.
Le renard et la fouine (se cacher) pendant le jour et (s'approcher) des fermes la nuit venue. — Fernand et Dimitri (jouer) aux petits chevaux. — Le bleu et le jaune (donner) du vert. — Le hors-bord et le voilier (se croiser) au milieu de la rade. — La pluie et le vent (fouetter) les vitres.

272 Écris les verbes au présent de l'indicatif ; entoure les sujets.
La Marne et l'Oise (se jeter) dans la Seine. — La Beauce et la Brie (produire) du blé. — Le camion et l'autobus (s'arrêter) et (attendre) le feu vert. — Le moniteur et son élève (dévaler) la piste noire. — L'oiseau et la libellule (voler). — Le berger et le chien (garder) les moutons.

273 Écris les verbes à l'imparfait de l'indicatif ; entoure les sujets.
La jument et son poulain (galoper) dans le pré. — Le clown et le trapéziste (saluer) le public. — La grêle et la pluie (ravager) les récoltes. — Le maçon et le plâtrier (examiner) le plan de la maison. — La mouche et le moustique (bourdonner) à nos oreilles. — Alexandre et Manon (visiter) le musée Grévin.

274 Écris les verbes à l'imparfait de l'indicatif ; entoure les sujets.
Le braconnier et le garde-chasse (éviter) de se rencontrer. — Sébastien et son petit frère (consulter) le programme de télévision et (choisir) leur émission. — Le muguet des bois (agiter) ses clochettes.

275 Écris des phrases en employant chacun de ces verbes avec deux sujets singuliers.
grimper — briller — ronger — dévorer — dormir — construire.

276 Vocabulaire à retenir
le plâtre, plâtrer, le plâtrier — le vaccin, vacciner — l'attente, attendre

L'accord du verbe (suite)

Le peintre décroche les tableaux et les pose sur le sol.
Les mécaniciens démont**ent** le moteur et le répar**ent**.
Tu lui adresse**s** une lettre et **il** te répond rapidement.
Dans les cités du Nord viv**aient** **de nombreux mineurs.**

RÈGLE

On évitera les erreurs si, avant d'écrire le verbe, on pose la question
« Qui est-ce qui... ? » pour trouver le groupe sujet :

«Qui est-ce qui»
pose ?	**le peintre**	[3ᵉ pers. du sing.]	donc **pose**
démonte ?	**les mécaniciens**	[3ᵉ pers. du plur.]	donc **démontent**
adresse ?	**tu**	[2ᵉ pers. du sing.]	donc **adresses**
répond ?	**il**	[3ᵉ pers. du sing.]	donc **répond**
vivait ?	**les mineurs**	[3ᵉ pers. du plur.]	donc **vivaient.**

En effet, le verbe peut parfois être séparé du sujet par d'autres mots.
Il peut même être placé avant le sujet.

Remarque : le, la, les, l' placés devant le verbe ne peuvent jamais
être sujets du verbe.

EXERCICES

277 Écris les verbes au présent de l'indicatif.

Je les (chercher).	Tu le (guérir).	Tu lui (obéir).
Tu lui (confirmer).	Il me (choisir).	Il les (écraser).
Ils l'(acheter).	Tu l'(attendre).	Ils le (lancer).
Il nous (ressembler).	Ils la (casser).	On te (désigner).
On les (allumer).	On les (entendre).	Ils la (rapporter).

278 Écris les verbes à l'imparfait de l'indicatif.

Il les (garder).	On me (rassurer).	Je lui (expliquer).
Je lui (donner).	Je les (oublier).	On te (parler).
Ils le (garnir).	Ils me (loger).	Elles le (signaler).
On les (couper).	Il les (attacher).	Ils les (étudier).

279 Écris les verbes au présent de l'indicatif.

Je (ramasser) les feuilles mortes et je les (entasser). — L'enfant (aider) ses camarades et ses parents le (féliciter). — Jérémie (apprendre) ses leçons et les (réciter) à son père. — Les pédales des bicyclettes (tourner) vite et (briller) au soleil.

280 Écris les verbes à l'imparfait de l'indicatif.

Magali et Dominique (rincer) les verres et les (ranger) dans le buffet. — Le vent (arracher) les feuilles et les (chasser) dans les allées du square. — Les TGV (traverser) la région ; monsieur Rios ne les (supporter) plus. — Les convives (sucrer) leur café et le (boire). — Benoît (retourner) ses poches et les (vider). — Nicolas (préparer) ses valises et les (porter) à la consigne de la gare. — Les éleveurs (engraisser) le bétail et le (vendre) un bon prix. — Les spectateurs (regarder) le chanteur et l'(écouter) avec plaisir.

281 Écris les verbes au présent de l'indicatif.

Madame Monteil (recevoir) des catalogues de meubles ; elle les (consulter) et les (prêter) ensuite à son voisin. — Le vendeur (présenter) un appareil ménager révolutionnaire ; les badauds le (regarder) découper les légumes en fines lamelles. — La lionne (protéger) ses lionceaux, elle les (lécher) avec tendresse. — Le ferailleur (récupérer) les vieilles voitures et il les (compresser) avant de les vendre.

282 Écris les verbes à l'imparfait de l'indicatif.

Les chevaux (prendre) leur élan, (sauter) l'obstacle et le (heurter). — Les touristes (suivre) le guide et le (questionner) de temps en temps. — Le chef de rayon (préparer) les étalages et les (garnir) de boîtes et de bouteilles. — Tu (chercher) la solution et tu la (trouver). — Les bûcherons (frapper) le grand chêne, on les (entendre) de loin.

283 Écris les verbes au présent de l'indicatif.

Les maîtres nageurs (surveiller) la mer car ils la (croire) dangereuse aujourd'hui. — Sur le port (se presser) les femmes des marins. — Tout le long de la route (se dresser) de grands panneaux publicitaires. — Dans le ciel (courir) de gros nuages. — Il (neiger) ; sur le bord des fenêtres (se poser) des moineaux frileux et affamés. — Sous les feuilles (se cacher) des insectes.

284 Écris les verbes à l'imparfait de l'indicatif.

Il me (donner) la main. — Tu lui (répondre) avec gentillesse. — La pharmacienne me (rendre) la monnaie. — Notre mère nous (gâter) beaucoup quand nous étions petits. — À l'école maternelle, la maîtresse nous (lire) des histoires merveilleuses. — Mes parents m'(accompagner) à l'autobus. — Je lui (porter) un cadeau pour sa fête. — Fabrice (fabriquer) une grue avec son jeu de construction.

285 Écris trois phrases en employant les **devant un verbe au singulier et trois phrases avec** le, l' **ou** la **devant un verbe au pluriel.**

286 Vocabulaire à retenir

le rail (les rails) — le détail — le portail — le bétail — le vitrail (les vitraux)

Le sujet tu

Tu ris quand **tu** le vois faire le pitre.

RÈGLE

Lorsque le sujet est **tu**, le verbe se termine **toujours** par un **s**.

Exceptions : tu veu**x**, tu peu**x**, tu vau**x**.

---

présent	imparfait	passé simple	futur simple
tu cherches	tu cherchais	tu cherchas	tu chercheras
tu grandis	tu grandissais	tu grandis	tu grandiras
tu ris	tu riais	tu ris	tu riras

EXERCICES

287 **Écris ces verbes à la 2ᵉ personne du singulier du présent de l'indicatif.**
sauter — copier — attendre — avancer — réussir — pouvoir — obéir — répondre — danser — applaudir — entendre — valoir — vendre — finir.

288 **Écris les verbes** être **et** avoir **à la 2ᵉ personne du singulier du présent de l'indicatif.**
être calme — être franc — être là — avoir soif — avoir peur — avoir chaud.

289 **Écris les verbes au présent, puis à l'imparfait de l'indicatif.**
Tu (franchir) l'obstacle. — Tu (perdre) le nord. — Tu (mesurer) ton retard. — Il (trépigner) de rage. — Tu (vider) le seau. — Je (partager) son avis. — Il (vendre) des lunettes. — Tu (compter) sur moi. — Je (rougir) de honte. — Ils (fredonner) une chanson. — Tu (être) en retard. — Tu (avoir) du courage. — Tu (jouer) au loto et tu (gagner). — Tu (salir) tes souliers en marchant dans la boue. — Quand on (travailler), on (réussir).

290 **Écris les verbes au présent, à l'imparfait, au passé simple et au futur simple de l'indicatif.**
Tu (attendre) le métro. — Tu (fermer) la porte. — Tu (calculer) vite. — Tu (jouer) dans la cour. — Tu (observer) le ciel. — Tu (fondre) en larmes. — Tu (battre) des mains. — Tu (porter) un tee-shirt. — Tu (choisir) un livre. — Tu (enregistrer) ton fichier avant d'éteindre l'ordinateur.

291 Vocabulaire à retenir
battre — répondre — vendre — valoir — vouloir

Le sujet on

Quand **on** cherche, **on** trouve !
Quand **elle** cherche, **elle** trouve !
Quand **le savant** cherche, **le savant** trouve !

RÈGLE

1. on peut se remplacer par **il**, **elle**, ou par un nom :
  On cherche. **Elle** cherche. **Le savant** cherche.

2. on est toujours sujet d'un verbe qui doit s'écrire à la **3ᵉ** personne
du singulier : **On** cherche. **On** cherchait. **On** cherchera.

EXERCICES

292 Conjugue ces verbes à la **3ᵉ** personne du singulier du présent
de l'indicatif.
Exemple : parler → il parle, elle parle, l'homme parle, on parle.
manger — tomber — danser — oublier — camper — chuchoter.

293 Écris les verbes à la **3ᵉ** personne du singulier du présent
et de l'imparfait de l'indicatif.
Exemple : sauter → elle saute, on saute, il sautait, on sautait.
tourner — compter — bavarder — copier — rester — glisser.

294 Écris les verbes entre parenthèses au présent de l'indicatif.
Trouve à chaque fois un sujet différent.
Exemple : On accorde le piano. L'homme accorde le piano.
On (accrocher) la clé au clou. — On (compter) sur toi. — On (rentrer) la
voiture au garage. — On (dévaler) l'escalier. — On (contourner) la statue.

295 Écris les verbes entre parenthèses au présent, puis à l'imparfait
de l'indicatif.
Tu (habiter) rue Rameau. — On (sauter) de joie. — Je (râper) du fromage.
— On (baisser) la tête. — On (utiliser) un batteur électrique. — On (refuser)
un second dessert. — Tu (fixer) la ligne d'horizon. — On (dévaliser) le
rayon confiserie du supermarché.

296 Écris trois phrases dans lesquelles tu emploieras le sujet **on**.

297 Vocabulaire à retenir
l'horloge — l'électricité — interroger — réserver — déguster

45e leçon

Le participe passé en -é et l'infinitif en -er

Le bœuf **haché** est tendre. Il va **hacher** du bœuf.
Le bœuf **cuit** est tendre. Il va **cuire** du bœuf.

RÈGLES

1. Pour les verbes du 1er groupe, il ne faut pas confondre le participe passé en -é avec l'infinitif en -er.

2. On peut remplacer le participe passé en -é par le participe passé d'un autre verbe du 2e ou 3e groupe comme **fini, grandi, vendu, mordu, vu, couru, pris**... :
  le bœuf **haché** → le bœuf **cuit**.

3. On peut remplacer l'infinitif en -er par l'infinitif d'un autre verbe du 2e ou 3e groupe comme **finir, grandir, vendre, mordre, voir, courir, prendre**... :
  Il va découper → Il va cuire.

EXERCICES

298 Complète par -é ou -er. Explique la terminaison -er de l'infinitif en écrivant entre parenthèses un infinitif du 3e groupe.
Exemple : Fais attention de ne pas oublier (perdre) ton livre.
Tu plonges les tiges coup... dans l'eau. — Les enfants vont coup... du pain pour les invités. — Il a essay... trois manteaux avant d'en choisir un. — Tu devrais essay... cette robe. — Je viens de cass... ma montre. — Le vent souffle par la vitre cass... .

299 Complète par -é ou -er. (N'oublie pas les accords.)
Il ne faut pas gaspill... la nourriture.— Si l'on veut arriv... au refuge à l'heure, il faut march... d'un bon pas. — Le tigre bless... est redoutable. — Une fois la porte débloqu..., nous pourrons entr... . — Les jeunes ne veulent pas port... de vêtements démod... . — Pour prépar... son bain, Abdel fait coul... de l'eau tiède.

300 Complète par -é ou -er. (N'oublie pas les accords.)
Il faut confirm... les places réserv... par téléphone. — On doit courb... la tête pour pass... sous cette porte. — Je regarde tomb... la pluie. — N'oublie pas de ferm... les volets. — Pour allum... un barbecue, ne prenez jamais d'alcool à brûl... . — Nancy vient de ramass... les cahiers. — Il prend son élan pour saut... . — Le livre est ferm..., l'élève peut récit... sa leçon.

68 **Grammaire**

301 Complète par -é ou -er. (N'oublie pas les accords.)
Nous irons voir jou… l'équipe de France. — Les images diffus… par la
télévision ne doivent pas choqu… les personnes sensibles. — Le photo-
graphe, camoufl… derrière un buisson, s'approche de l'oiseau. — Pour
conjugu… un verbe au passé composé, on doit employ… un auxiliaire. —
Les verbes conjugu… au futur simple ont tous les mêmes terminaisons.

302 Complète par -é ou -er. (N'oublie pas les accords.)
Les astronautes vont ferm… la porte de la fusée. — Le gâteau partag… en
trois morceaux fait autant d'heureux. — Veux-tu partag… ces oranges avec
tes camarades ? — Le cheval, arrêt… dans sa course, se cabre. — Les gendarmes sifflent pour arrêt… l'automobiliste trop press… .

303 Complète par -é ou -er. (N'oublie pas les accords.)
Nous marchons dans la terre labour… . — Il se tenait debout, la main
appuy… sur une canne. — Le chasseur allait appuy… sur la gâchette, quand
le lièvre disparut. — Ils ont aménag… les combles, ce qui leur permet de
log… leurs amis. — Avez-vous nettoy… les pinceaux ?

304 Complète par -é ou -er. (N'oublie pas les accords.)
Le skieur lanc… à grande vitesse semble s'envol… . — Nous préparons les
paniers pour récolt… les abricots. — Les noix écras… donnent de l'huile. —
Les appareils perfectionn… ne sont pas les plus faciles à utilis… —
Madame Vasseur ne cesse de perfectionn… son invention.

305 Complète par -é ou -er. (N'oublie pas les accords.)
J'aime cette maison entour… d'un jardin. — Il faudra entour… le pré d'une
clôture. — La montgolfière est balanc… par le vent. — Luc se laisse
balanc… par son frère. — Grand-mère a tricot… des bonnets pour tous ses
petits-enfants. — Madame Sorbier aime tricot… devant la télévision. — Les
personnes costum… défilent avec les grosses têtes du carnaval. — La sauce
prépar… par le chef cuisinier est excellente. — Le prestidigitateur n'a pas son
pareil pour subjugu… un public émerveill… . — Le pêcheur vient de tremp…
son fil dans l'eau ; il espère qu'un poisson sera bientôt accroch… au bout.

306 Emploie l'infinitif de chaque verbe dans une phrase,
puis le participe passé dans une autre phrase.
casser — laver — ranger — cirer — briser — brosser.

307 Écris un petit texte dans lequel il y aura des participes passés
en -é et des infinitifs en -er.

308 Vocabulaire à retenir
perfectionner — fonctionner — s'envoler

Le participe passé en -é
et le verbe à l'imparfait

Les branches **cassées** pendent jusqu'à terre.
Les branches **cassaient** sous le poids des fruits.

RÈGLE

Il ne faut pas confondre le participe passé en **é**, qui s'accorde comme
un adjectif qualificatif, avec le verbe à l'imparfait qui marque l'action :
  les branches **cassées** (les branches **fragiles**)
  les branches **cassaient** (les branches **cassent**).

EXERCICES

309 **Accorde le participe passé ou écris le verbe à l'imparfait.**
Les personnes abonn... recevront leur magazine en début de mois.
— Mes grands-parents s'abonn... régulièrement à des revues. — Notre
classe fréquent... le gymnase de la rue Pillet. — La piscine municipale, fréquent... par les scolaires, est fermée le lundi.

310 **Accorde le participe passé ou écris le verbe à l'imparfait.**
Les élèves, partag... en deux groupes, se lancent la balle. — Les chefs
d'équipe partag... les joueurs. — Le déjeuner aval..., nous partons jouer sur
la place. — On dit que les fakirs aval... des clous ; mais je n'en crois rien !
— Les piles, remplac... à temps, n'endommagent pas le radiocassette. —
Le garagiste remplaç... les bougies.

311 **Accorde le participe passé ou écris le verbe à l'imparfait.**
Les coureurs fatigu... franchissent la ligne d'arrivée. — Le Tourmalet
fatigu... les cyclistes. — Les lucioles, attir... par la lumière, se brûlent les
ailes. — La légende prétend que les sirènes attir... les marins au fond des
mers. — Le gâteau roul... cuit dans le four. — Les motos roul... vite. —
L'animateur avait organisé des activités qui amus... les enfants. — Le public
amus... par les pirouettes du clown rit de bon cœur.

312 **Écris une phrase dans laquelle tu emploieras le participe passé,**
puis une autre phrase où les verbes seront à l'imparfait.
effacer — balayer — tailler — arracher — encourager — photographier.

313 Vocabulaire à retenir
la sœur — le bœuf — le cœur — avaler — remplacer — fréquenter

Le participe passé employé avec l'auxiliaire avoir

Le client **a hésité**.	La cliente **a hésité**.
Les clients **ont hésité**.	Les clientes **ont hésité**.
Nous **avons hésité**.	Vous **avez hésité**.

RÈGLE

Le participe passé employé avec l'auxiliaire **avoir** ne s'accorde **jamais** avec le sujet du verbe : Il a **hésité**. Ils ont **hésité**.

EXERCICES

314 Conjugue au passé composé.

casser des noix	avertir les pompiers	perdre la partie
scier des bûches	échouer près du but	réussir un exploit
sauter à la corde	nettoyer l'escalier	attendre le feu vert
égaliser le sol	déjouer les pièges	descendre à la cave

315 Écris les participes passés des verbes entre parenthèses.

Les touristes ont (installer) leurs parasols sur la plage. — Nous avons (remplir) nos poches de monnaie. — Nos parents ont (guider) nos premiers pas. — Les chauffeurs routiers ont (rouler) toute la nuit sous la neige. — La couturière a (recoudre) les boutons. — Le préfet de police, monsieur Poubelle, a (inventer) un récipient pour les ordures ménagères : devinez son nom ?

316 Écris les participes passés des verbes entre parenthèses.

Comme à l'ordinaire, les marins ont (braver) la tempête. — Les ouvriers avaient (dynamiter) le rocher pour élargir la route. — Ils ont (trouver) un vieux disque de musique indienne. — Sur l'île de Ré, nous avons (louer) une petite voiture électrique. — Madame Salles a (donner) son adresse au livreur, il passera demain. — Les Romains avaient (envahir) la Gaule. — Lisiane a (dorloter) sa peluche jusqu'à l'âge de sept ans.

317 Écris les participes passés des verbes entre parenthèses.

Une source a (jaillir) au pied du coteau. — Les maçons avaient (remplir) les fondations de béton. — Devant l'affluence, les organisateurs ont (juger) préférable d'ouvrir les portes du stade avant l'heure prévue. — Nous avons (dormir) à poings fermés. — La voiture a (ralentir). — Les autruches ont (pondre) de gros œufs. — La lune a (surgir) au-dessus de l'horizon. — Les admirateurs du chanteur de rock ont (payer) très cher leur billet d'entrée. — Vous avez (présenter) un exposé passionnant sur les tigres.

318 Écris les participes passés des verbes entre parenthèses.

Les vagues ont (recouvrir) la jetée. — Pour passer sous la porte, les basketteurs ont (courber) la tête. — Le garagiste a (terminer) la révision de la voiture, tout est en état de marche. — Vous avez (acheter) des yaourts. — Nous avons (tendre) l'oreille. — La gelée a (durcir) le sol. — Les élèves avaient (corriger) leurs erreurs. — Ils ont (demander) un renseignement.

319 Écris les verbes entre parenthèses au passé composé.

Tu (gagner) des disques à un jeu télévisé. — Vous (assister) à la fête. — La tempête (souffler) toute la nuit. — Il (apercevoir) un énorme sanglier. — Vous (cueillir) les premières cerises. — Napoléon Iᵉʳ (parcourir) l'Europe entière avec ses armées. — L'ouvreuse (placer) les retardataires au fond de la salle. — Le tonnerre (gronder), la terre (trembler). — Les aventures de ce vieux loup de mer (émouvoir) tous les spectateurs ; beaucoup n'auraient pas voulu être à sa place lorsque les déferlantes (renverser) son bateau.

320 Écris les mots en bleu au pluriel et accorde les autres mots.

Le patineur a étonné le public ; il a réalisé des sauts prodigieux. — L'enfant a grandi en quelques mois. — Notre professeur a passé deux ans à l'étranger. — Le mécanicien a graissé la machine. — Ton histoire a intéressé les petits et les grands. — Sans raison apparente, l'électeur a changé d'avis.

321 Écris les mots en bleu au pluriel et accorde les autres mots.

Le soldat a demandé une permission de sortie. — La gelée a brûlé les fleurs. — La flamme a dévoré la bûche. — L'ouvrier a posé une moquette neuve dans la chambre de Judith. — Le jeune poulain a galopé dans la prairie. — La nouvelle construction a transformé tout le quartier : on ne reconnaît plus rien ! — L'espion a déchiffré le message secret.

322 Écris les participes passés des verbes entre parenthèses.

Les moustiques ont (bourdonner) à nos oreilles. — À la mi-temps, les joueurs ont (boire) de l'eau minérale. — Tous les participants ont (chausser) des skis neufs car la piste était dangereuse. — Vous avez (profiter) d'un arrêt imprévu de l'autobus pour descendre. — Pauline a (remplacer) la cartouche de son stylo. — Nous avons (allumer) le téléviseur trop tard ; l'émission s'achève. — Pour amuser ses invités, Julien a (imiter) le cri de tous les animaux de la basse-cour.

323 Écris trois phrases avec dans chacune d'elles un participe passé employé avec l'auxiliaire avoir.

324 Vocabulaire à retenir

l'autobus, l'autocar, l'autorail, l'automobile
la passion, passionner, passionnant

Le participe passé employé avec l'auxiliaire être

Le plat **est tombé** sur le carrelage de la cuisine.
Les plats **sont tombés** sur le carrelage de la cuisine.
L'assiette **est tombée** sur le carrelage de la cuisine.
Les assiettes **sont tombées** sur le carrelage de la cuisine.

RÈGLE

Le participe passé employé avec l'auxiliaire **être** s'accorde en genre et en nombre avec le sujet du verbe :

« Qui est-ce qui »

est tombé ?	**le plat**	[masc. sing.]	donc **tomb**é
sont tombés ?	**les plats**	[masc. plur.]	donc **tomb**és
est tombée ?	**l'assiette**	[fém. sing.]	donc **tomb**ée
sont tombées ?	**les assiettes**	[fém. plur.]	donc **tomb**ées.

EXERCICES

325 Conjugue au présent et à l'imparfait de l'indicatif.

être habillé	être guéri	être attendu	être venu
être fatigué	être engourdi	être contrôlé	être parti

326 Conjugue au passé simple et au futur simple.

être fâché	être décoiffé	être allongé	être déçu
être encouragé	être servi	être réveillé	être resté

327 Accorde les participes passés des verbes entre parenthèses.
Les poteaux étaient (peindre) en vert. — L'autoroute est (tracer) par des ingénieurs qui sont (décider) à entreprendre rapidement les travaux. — Les lettres sont (trier), le facteur peut les distribuer. — Les parents sont (contrarier), leurs enfants ne sont pas encore (rentrer). — L'immeuble est (bâtir) sur la colline à l'écart de la ville. — Ces cinq conducteurs ont de la chance, ils sont (choisir) pour participer au rallye des glaces à Chamonix.

328 Accorde les participes passés des verbes entre parenthèses.
Les tableaux étaient (exposer) sur un mur qui était (éclairer) par un gros projecteur. — Les plantes vertes sont (arroser) chaque matin. — Les élèves sont (descendre) dans la cour. — Des jambons, des saucisses, des saucissons étaient (pendre) dans la boutique. — Les fils du bûcheron étaient (perdre) dans la forêt ; heureusement, le Petit Poucet était là !

329 Accorde les participes passés des verbes entre parenthèses.

Les couverts sont (ramasser) et (placer) dans le lave-vaisselle. — Nous sommes (épuiser) par ce travail. — Tous les employés sont (réunir) autour du directeur. — Les camions étaient (remplir) de cartons. — La chanteuse est (solliciter) pour signer des autographes. — Les campeurs étaient (allónger) à l'ombre de la haie. — Ces jeux violents sont (défendre).

330 Accorde les participes passés des verbes entre parenthèses.

Nous étions (obliger) de sortir à cause de la fumée. — Nous serons (écouter) et nos conseils seront (suivre). — La salle des fêtes est (insonoriser) : quel calme ! — Dès que le soleil est (coucher), les poules s'endorment. — Les astronautes seront (protéger) par leur combinaison. — La toux sera (soulager) par le sirop calmant. — Les livres étaient (ranger) sur l'étagère.

331 Accorde les participes passés des verbes entre parenthèses.

Ces marchandises étaient (transporter) par bateau. — Les hôtesses de l'accueil sont (submerger) par les réclamations. — Les boîtes étaient (remplir) de chocolats. — Les timbres sont (classer) dans l'album. — Les hommes politiques sont souvent (imiter) à la télévision. — Les résultats de cette expérience sont (analyser) avec soin. — Les actrices, comme les princesses, sont (traquer) par les photographes.

332 Accorde les participes passés des verbes entre parenthèses.

Les pizzas seront (préparer), puis elles seront (mettre) au four. — Avant de démarrer, monsieur Ferniot regarde si sa ceinture de sécurité est bien (boucler). — Les draps seront (laver), puis (étendre) au soleil. — Quand les enfants seront (endormir), la maison retrouvera son calme. — L'entrée du souterrain est (cadenasser), nous ne passerons pas.

333 Accorde les participes passés des verbes entre parenthèses.

Nous sommes (partir) à l'aurore et je pense que nous serons (rentrer) avant la nuit. — Ils sont (chausser) de bottes fourrées. — Ton père et toi, vous êtes (sortir) de bonne heure. — La période des fêtes est (revenir), elle était (attendre) avec impatience. — La vérité est toujours (redouter) par les menteurs. — Le spéléologue est (remonter) à la surface sans difficulté. — Les entraîneurs sont (diviser) sur la conduite à tenir : faut-il modifier la composition de l'équipe ?

334 Écris trois phrases avec dans chacune d'elles un participe passé employé avec l'auxiliaire être.

335 Vocabulaire à retenir

la terre, le souterrain, la terrasse, le territoire, enterrer
l'hôte, l'hôtesse, l'hôtel, l'hôtelier, l'hôtellerie

Le participe passé employé avec l'auxiliaire être (suite)

Thomas **a été** aidé par ses camarades.
Thomas et Mathieu **ont été** aidés par leurs camarades.
Lucie **avait été** aidée par ses camarades.
Lucie et Aurore **avaient été** aidées par leurs camarades.

RÈGLE

Lorsqu'on rencontre la forme **avoir été**, il s'agit du verbe **être**.
Le participe passé s'accorde donc en genre et en nombre avec le sujet :

« Qui est-ce qui »

a été aidé ?	**Thomas**	[masc. sing.]	donc aidé
ont été aidés ?	**Thomas et Mathieu**	[masc. plur.]	donc aidés
a été aidée ?	**Lucie**	[fém. sing.]	donc aidée
ont été aidées ?	**Lucie et Aurore**	[fém. plur.]	donc aidées.

EXERCICES

336 **Accorde les participes passés des verbes entre parenthèses.**

Ils sont (arrêter).   Elles étaient (aimer).   Vous étiez (punir).
Ils ont été (arrêter).   Elles avaient été (aimer). Vous aviez été (punir).
Nous étions (placer).   Elle est (chiffonner).   Ils sont (vacciner).
Nous avons été (placer). Elle a été (chiffonner).   Elles ont été (vacciner).

337 **Accorde les participes passés des verbes entre parenthèses.**

Nous aurions été (perdre).   Nous avons été (choisir).   Elles ont été (casser).
Ils auraient été (amuser).   Vous avez été (inviter).   Vous aviez été (servir).

338 **Accorde les participes passés des verbes entre parenthèses.**

Les taxes avaient été (payer) par chèque. — La barque a été (retourner) par une vague, les pêcheurs ont été (sauver) de justesse. — Ces rochers ont été (escalader) par des alpinistes chevronnés. — Ces nappes ont été (broder) à la main. — Comme nous avons (changer) de programme, la disquette a été (reformater).

339 **Accorde les participes passés des verbes entre parenthèses.**

Les camions avaient été (décharger) au bord de la route. — Les gravats ont été (enlever) des trottoirs en fin de journée. — La souris avait été (pourchasser) par le chat. — Vous avez été (fatiguer) par cette longue promenade. — Les écrous avaient été (serrer) avec force.

340 Accorde les participes passés des verbes entre parenthèses.
Ces chaussures avaient été (ressemeler). — Nous avons été bien (soigner) pendant notre séjour à l'hôpital. — Tes paroles de réconfort ont été (apprécier). — Nous avons été (retarder) par le mauvais temps. — Comme il n'y avait pas de neige, les forfaits ont été (rembourser). — Avant le concert, les violons ont été (accorder). — Trop dangereux, ce carrefour a été (aménager).

341 Accorde les participes passés des verbes entre parenthèses.
Cette énorme bûche a été (fendre) d'un seul coup de hache. — Les coureurs échappés ont été (rattraper) par le peloton. — L'électricité a été (couper) par l'orage. — Les champignons ont été (rissoler) à la poêle. — Les opérations avaient été (compter) et (recompter). — Les vêtements ont été (suspendre) au portemanteau.

342 Accorde les participes passés des verbes entre parenthèses.
Ces prairies ont été (inonder) pendant tout l'hiver. — Les légumes ont été (plonger) dans l'eau froide. — Les prunes avaient été (étaler) pour sécher. — L'horizon a été (voiler) de brume toute la journée. — Les travaux ont été (terminer) en temps voulu. — Elles avaient été (autoriser) à rencontrer le maire de la commune. — Au moment des départs en vacances, les trains ont été (prendre) d'assaut. — Ils avaient été (ausculter) par le médecin.

343 Accorde les participes passés des verbes entre parenthèses.
Quand les arbres auront été (greffer), ils donneront de beaux fruits. — Nous avions été (chagriner) de votre départ. — Des dahlias avaient été (planter) dans les massifs qui bordent l'avenue. — Les murs de l'entrée ont été (tapisser) avec du papier uni. — Le choix de cette série de livres a été (approuver) par toute la classe. — Les matchs ont été (annuler) à cause du gel. — Dans le brouillard, deux voitures ont été (heurter) par un poids lourd.

344 Accorde les participes passés des verbes entre parenthèses.
Les fleurs sont (faner), pourtant elles avaient été (arroser). — Les moutons ont été (tondre), leur toison sera (dégraisser). — La pelouse du terrain de football a été (piétiner) par la foule. — L'étagère a été (poser), maintenant elle est (garnir) de livres. — Pour ce film, l'actrice a été (habiller) par un grand couturier. — Vous ne pouvez pas contester la décision car vous avez été (associer) à toutes les discussions.

345 Écris trois phrases avec dans chacune d'elles un participe passé employé avec l'auxiliaire être, sous la forme avoir été.

346 Vocabulaire à retenir
discuter, la discussion — autoriser, l'autorisation
suspendre, la suspension — apprécier, l'appréciation

Le participe passé employé avec être ou avoir

Les plombiers **ont** installé les lavabos.
Les lavabos **sont** installés par les plombiers.
Les lavabos **ont été** installés par les plombiers.

RÈGLES

1. Le participe passé employé avec l'auxiliaire **avoir** ne s'accorde jamais avec le sujet du verbe *(voir leçon 47)* :
Les plombiers **ont** installé les lavabos.

2. Le participe passé employé avec l'auxiliaire **être** s'accorde toujours avec le sujet du verbe *(voir leçons 48 et 49)* :
Les lavabos **sont** installés par les plombiers.
Les lavabos **ont été** installés par les plombiers.

EXERCICES

347 Écris les verbes entre parenthèses au participe passé.

Nous avons (garder) son chien.
Nous avons été (garder).
Nous sommes (garder).
Ils ont (appeler) le garagiste.
Ils sont (appeler) au téléphone.
Ils ont été (appeler).

Vous avez (écouter) la radio.
Vous avez été (écouter).
Vous êtes (écouter).
Elles ont (coiffer) leurs amies.
Elles sont (coiffer) avec goût.
Elles ont été (coiffer) à la mode.

348 Écris les verbes entre parenthèses au participe passé.

Ils sont (rester).
Nous avons (chanter).
Nous sommes (rentrer).
Vous avez (gagner).
Vous étiez (venir).

Elles ont (sauter).
Nous avons (deviner).
Elles ont (déjeuner).
Elles seront (sortir).
Vous avez été (griffer).

Ils sont (briser).
Elles avaient (valser).
Ils ont (dormir).
Ils ont été (enrhumer).
Ils étaient (inscrire).

349 Écris les verbes entre parenthèses au participe passé.

Les enfants ont (trébucher), ils ont (déchirer) leur pantalon, mais ils n'ont pas (pleurer). — Les douze coups de minuit ont (retentir) et le carrosse de Cendrillon a (disparaître).— Ils ont (enfiler) leur manteau, puis ils sont (sortir). — Le soleil a (briller) toute la semaine : les fraises ont (mûrir). — Vous avez (écouter) une chanson et vous serez (bercer) par sa mélodie toute la soirée. — Vous étiez (égarer) dans un quartier de Marseille et vous avez (demander) la direction du port.

350 Écris les verbes entre parenthèses au participe passé.

Nous sommes (entrer) dans le magasin et nous avons (acheter) une caméra.
— Les acteurs ont (tourner) un film en quelques semaines ; ils ont (jouer)
leur rôle avec sérieux et les spectateurs ont été (attirer) par les affiches. —
Le capitaine Cook a (perdre) l'équilibre au bord de la falaise ; heureusement, il a (saisir) une branche au dernier moment et il n'est pas (tomber).
— L'usine qui produit de la pâte à papier a (polluer) la rivière ; les pêcheurs
ont (ramasser) des milliers de poissons morts et ils ont (porter) plainte.

351 Écris les verbes entre parenthèses au participe passé.

La troisième journée du championnat a été (perturber) par la pluie, certains
matchs ont été (reporter). — Les barques étaient bien (attacher) et elles ont
(résister) à l'assaut des vagues. — Des badauds étaient (attrouper), les ven-
deurs ont (liquider) rapidement leurs marchandises. — Le jour est (lever),
les coqs ont (chanter), les pigeons ont (roucouler), les poules ont (glousser),
la basse-cour est (réveiller). — La projection est (terminer).

352 Écris les verbes entre parenthèses au passé composé.

Les explorateurs (rapporter) des statuettes étonnantes. — Cette skieuse
(remporter) la médaille d'or aux Jeux olympiques. — La dernière chanson
du récital (déchaîner) un tonnerre d'applaudissements. — Les serruriers
(limer) et (ajuster) les clés. — Les manèges (tourner) toute la journée, à la
grande joie des enfants. — Le chirurgien (plâtrer) le bras fracturé.

353 Écris les mots en bleu au pluriel et accorde les autres mots.

Le chanteur a enregistré un disque. — Pour Noël, l'enfant a été comblé,
il a reçu des cadeaux magnifiques. — La libraire a aménagé sa vitrine.
— Le train est arrivé à l'heure. — Le platane était dépouillé de ses feuilles.
— La maison a été bâtie sur le versant de la colline. — Le jardinier a sablé
les allées. — Le carton a encombré le bureau pendant des semaines et
maintenant il est couvert de poussière. — La pluie a lavé les trottoirs. — Le
chat se fait les griffes sur le vieux fauteuil du salon.

354 Écris une phrase avec le participe passé des verbes suivants,
employé successivement avec avoir et avec être.

Exemple : louer → Nous avons loué une camionnette. La maison est louée l'été.
arrêter — récompenser — dompter — laver — vendre.

355 Écris un petit texte en utilisant des participes passés employés
avec être et des participes passés employés avec avoir.

356 Vocabulaire à retenir

accabler — accuser — accompagner — accorder
brûler, la brûlure, brûlant, le brûlé — le pays, le paysan, le paysage, dépaysé

a, à

Fabrice a des patins à roulettes.
Fabrice avait des patins à roulettes.

RÈGLES

1. à, avec un accent grave, est une préposition ; c'est un mot invariable :
des patins à roulettes.

2. a, sans accent, est une forme conjuguée du verbe **avoir** qui peut être
remplacée par une autre forme conjuguée de ce verbe (**avait, aura**…) :
il **a** (avait) des patins à roulettes.

EXERCICES

357 **Conjugue au présent de l'indicatif.**
avoir soif — sauter à la corde — avoir froid — rentrer à la maison.

358 **Complète par a ou à. Explique l'emploi de a en écrivant** avait
entre parenthèses. *Exemple* : Le chameau a (avait) soif.
La cerise est un fruit … noyau. — Léon … utilisé une perceuse …
percussion pour percer le mur en béton. — Il … des fourmis dans les
jambes. — Le cheval rentre … l'écurie. — Tu dévales l'escalier … grandes
enjambées. — Marie-José arrive … l'heure … l'école. — Le charpentier
monte … l'échelle, il n'… pas le vertige. — L'électricité … relégué les
lampes à huile sur les étagères du brocanteur. — C'est … la barre du navire
qu'on reconnaît le vrai marin.

359 **Complète par a ou à.**
Madame Filomène … décroché le téléphone. — Elle … acheté un nouveau
séchoir … cheveux. — Le technicien … installé une machine … laver.
— Le magnétophone … cassette … enregistré ma chanson. — Le métro …
dix minutes de retard. — Il … repassé tous les traits du croquis au stylo …
bille. — Lisa … commencé … trier les pièces de son puzzle. — Jean … fait
réchauffer un bol de soupe dans le four … micro-ondes.

360 **Écris trois phrases dans lesquelles tu emploieras** à **et trois
phrases dans lesquelles tu emploieras** a.

361 Vocabulaire à retenir
le magnétophone — le téléphone — l'électrophone
le métro — le vélo — la photo — la vidéo — le micro

et, est

Le film **est** court **et** amusant.
Le film **était** court **et** amusant.

RÈGLES

1. et est un mot invariable qui permet de relier
deux parties d'une phrase : court **et** amusant.

2. est est une forme conjuguée du verbe **être** qui peut être
remplacée par une autre forme conjuguée de ce verbe (**était, sera**...):
Le film **est** court. Le film **était** court.

EXERCICES

362 **Complète par** et **ou** est. **Explique l'emploi de** est **en écrivant**
était **entre parenthèses.** *Exemple* : La bouteille est (était) vide.
Le drapeau ... vert. — La viande ... cuite. — Le gendarme ... le voleur.
— La lune ... le soleil. — Le chien ... le chat. — Le beurre ... mou. —
L'eau ... froide. — Le papier ... épais. — La voiture ... neuve.

363 **Complète par** et **ou** est. **Explique l'emploi de** est **en écrivant**
était **entre parenthèses.**
L'émission ... nouvelle ... intéressante. — Vif ... ardent, le soleil ...
accablant. — Le dessert ... fondant ... sucré. — Le damier ... noir ... blanc.
— La couette ... chaude ... légère. — La rue ... longue ... étroite. — Juan
... attentif ... appliqué. — Lorsque la pêche ... mûre, elle ... rouge ... jaune.
— C'... au pied du mur que l'on aborde vraiment les difficultés. — Avec une
avance de deux minutes ... de quinze secondes, Edgar Tenier ... déclaré
vainqueur.

364 **Complète par** et **ou** est.
Le train ... parti ... le quai ... désert. — Chevaux ... jockeys se reposent
car la course ... finie. — Mon chariot ... plein de légumes ... de fruits, il
... lourd à pousser. — Le raisin noir ... le raisin blanc emplissent les rayons
du supermarché, l'automne ... arrivé. — Le ciel ... sombre ... gris, c'... l'hiver.

365 **Écris deux phrases dans lesquelles tu emploieras** et, **deux dans**
lesquelles tu emploieras est, **et enfin deux phrases dans lesquelles**
tu emploieras à la fois et **et** est.

le sport, le sportif — long, longue — épais, épaisse — le fruit, fruité

son, sont

L'électricien et **son** apprenti **sont** au travail.
L'électricien et **ses** apprentis **étaient** au travail.

RÈGLES

1. son est un déterminant qui peut être remplacé par le pluriel **ses**
ou par un autre déterminant :
    son apprenti → **ses** apprentis → **l'**apprenti → **un** apprenti.

2. sont est une forme conjuguée du verbe **être** qui peut être remplacée
par une autre forme conjuguée de ce verbe (**étaient, seront**...) :
    Ils **sont** au travail. Ils **étaient** au travail.

EXERCICES

367 **Fais l'exercice sur le modèle :** son livre, ses livres.
oncle — armoire — fauteuil — album — opération — cahier — outil.

368 **Fais l'exercice sur le modèle :** mon casier, ton casier, son casier.
carton — livre — dictionnaire — affiche — manteau — réveil — blouson.

369 **Conjugue à la 3ᵉ personne du pluriel du présent de l'indicatif.**
être au lit — être au grenier — être dans le jardin.

370 **Complète par** son **ou** sont. **Explique l'emploi de** sont **en écrivant**
étaient **entre parenthèses.** *Exemple* : Les bateaux sont (étaient) au large.
Grand-père dort dans ... fauteuil. — Madame Lardet porte ... tailleur
au pressing. — Les mécaniciens ... à l'ouvrage. — Les chasseurs ... dans
la forêt. — Ce champion a battu ... record ; les chronométreurs ... formels.
— Armelle prend ... sac de sport. — Les automobilistes ... en panne. —
Luc trouve que les trajets entre ... domicile et ... bureau ... trop longs. —
À l'issue de l'étape du Galibier, les journalistes ... unanimes ; Théo Walter
a fait de ... mieux, mais il a trouvé ... maître. — L'aveugle et ... chien
forment un couple inséparable ; ils ... comme les deux doigts de la main.

371 **Écris deux phrases dans lesquelles tu emploieras** son,
deux dans lesquelles tu emploieras sont, **et enfin deux phrases**
dans lesquelles tu emploieras à la fois son **et** sont.

372 Vocabulaire à retenir
le tailleur — le chasseur — le chronométreur — le record — le pressing

on, ont

On écoute les chanteurs : ils **ont** de belles voix.
Jeanne écoutait les chanteurs : ils **avaient** de belles voix.
Elle écoutait les chanteurs : ils **avaient** de belles voix.

RÈGLES

1. on est un pronom sujet : on peut le remplacer par **un nom de personne**, par **il** ou **elle** :
On écoute les chanteurs. → **Il** écoute les chanteurs.

2. ont est une forme conjuguée du verbe **avoir** qui peut être remplacée par une autre forme conjuguée de ce verbe (**avaient, auront**...) :
Ils **ont** de belles voix. → Ils **avaient** de belles voix.

EXERCICES

373 **Conjugue au présent de l'indicatif.**
avoir des doutes — avoir faim — avoir tort — avoir mal — avoir peur.

374 **Conjugue avec** on **au présent, puis à l'imparfait de l'indicatif.**
arriver — chanter — déménager — discuter — grelotter.

375 **Conjugue à la 3ᵉ personne du pluriel au présent, puis à l'imparfait de l'indicatif.**
avoir un peu de retard — avoir les joues roses — avoir les yeux bleus.

376 **Complète avec** ont **ou** on. **Explique l'emploi de** ont **en écrivant** avaient **entre parenthèses et celui de** on **en écrivant** il **entre parenthèses.** *Exemple* : Ils ont (avaient) froid ; on (il) chante.
Les rues ... des trottoirs très étroits. — ... aime les fruits qui ... un goût sucré. — Les cyclistes ... des maillots de toutes les couleurs. — ... rappelle les consignes de sécurité. — Les téléspectateurs ... un grand choix d'émissions. — Les alpinistes ... des anoraks fourrés. — Quand le soleil brille, ... va se promener. — Les chariots ... des roues qui grincent.

377 **Écris deux phrases contenant** on, **deux phrases contenant** ont, **et enfin deux phrases contenant à la fois** on **et** ont.

378 Vocabulaire à retenir
charrier, la charrette, le chariot
une heure — une minute — une seconde

c'est, s'est, c'était, s'était

C'est un bateau qui s'est détaché de son amarre et qui dérive.
C'était un bateau qui s'était détaché et qui dérivait.
Je crois ce que me dit le marin.

RÈGLES

1. On écrit **ce** ou **c'** quand on peut remplacer par **cela** :
C'est un bateau → **Cela** est un bateau.
Je crois ce que me dit le marin → Je crois **cela**.

2. On écrit **se** ou **s'** quand, en conjuguant le verbe,
on peut remplacer **se** ou **s'** par **me, te,** ou **m', t'**.
Le bateau s'est détaché → Je **me** suis détaché, tu **t'**es détaché...

EXERCICES

379 **Complète par** c' ou se, s'.
Justifie l'emploi de c' **en écrivant** cela **entre parenthèses.**
L'avion ... est posé en douceur sur la piste. — ... est l'hiver, la neige ...
étale dans la plaine. ... est en forgeant que l'on devient forgeron. —
Dany ... est bien débrouillée. — ... est un travail bien fait.

380 **Complète par** ce, c' **ou** se, s'.
Tu racontes ... que tu as vu. — ... est un pneu qui a éclaté. — Je me demande
... que je vais dire. — Rémi cherche ... qu'il va faire à dîner. — Les arbres
... sont couverts de bourgeons, ... est bientôt le printemps. — ... est la fête,
un manège ... est installé sur la place. — ... est au pied du mur que l'on voit
le vrai maçon ! — Sois à l'heure ! ... est un rendez-vous important.

381 **Complète par** ce, c' **ou** se, s'.
... qui m'intéressait le plus, ... était la lecture. — ... était le jour du départ,
chacun ... préparait dès l'aube. — ... était une belle journée ; le public ...
était installé dans les tribunes et agitait des drapeaux multicolores. —
L'enfant récitait ... qu'il avait appris. — Il ... est mis dans tous ses états.

382 **Écris deux phrases dans lesquelles tu emploieras** ce **ou** c' **dans
le sens de** cela, **deux dans lesquelles tu emploieras** se **ou** s' **et enfin
deux phrases dans lesquelles tu emploieras à la fois** ce (c') **et** se (s').

383 Vocabulaire à retenir
le temps, longtemps, le printemps, à temps, un contretemps

leur, leurs

Je **leur** prête mon stylo.   Prête-**leur** ton stylo.
Je **lui** prête mon stylo.   Prête-**lui** ton stylo.
Elles téléphonent à **leurs** amies.   Ils téléphonent à **leur** sœur.
Elle téléphone à **ses** amies.   Il téléphone à **sa** sœur.

RÈGLES

1. leur placé près du verbe, quand il est le pluriel de **lui**,
est un pronom personnel invariable qui s'écrit toujours sans **s** :
Je **leur** prête mon stylo.

2. leur placé avant un nom est un adjectif possessif, qui prend un **s**
quand il se rapporte à un nom pluriel :
Elles téléphonent à **leurs** amies [plusieurs amies].

EXERCICES

384 Conjugue au présent et à l'imparfait de l'indicatif.
leur porter des gâteaux   leur rendre service   leur réserver une place
leur choisir des gants   leur jouer un tour   leur raconter une blague

385 Conjugue les verbes de l'exercice précédent au futur simple,
puis au passé composé.

386 Remplace lui par leur, puis écris les deux phrases.
Exemple : Je lui souffle la réponse. Je leur souffle la réponse.
Je lui coupe du pain. — Tu lui offres des fleurs. — Elle lui adresse un message. — Nous lui serrons la main. — Vous lui portez des objets à réparer. — Le téléphone lui épargne un voyage en voiture. — Les infirmières lui donnent des soins.

387 Écris le groupe sujet au pluriel et accorde les verbes.
Exemple : Il nettoie ses pinceaux. → Ils nettoient leurs pinceaux.
Il répare sa voiture. — L'élève étudie sa leçon. — Le spectateur s'assoit à sa place. — Le capitaine encourage ses joueurs. — Elle arrête son moteur. — Le campeur lave son linge à la rivière.

388 Complète par leur ou leurs.
Je ... ouvre la porte. — Les enfants retirent ... anorak avant de regagner ... place en classe. — Les randonneurs étudient ... itinéraire avant de partir. — Tu ... distribues des bons de réduction. — Les musiciens se souviennent de ... débuts à Périgueux. — Le bébé sourit à ses parents et ... tend les bras.

389 **Complète par** leur **ou** leurs.

Les acteurs révisent ... texte et le metteur en scène ... donne les dernières indications. — Les pompiers portent secours aux blessés au péril de ... vie. — Les enfants et ... moniteur reprennent ... vêtements après la séance d'éducation physique. —Nathalie et Jérôme ont pris ... bicyclette pour aller voir ... camarades. — La tisane trop chaude ... brûle la gorge. — Ces automobilistes ne connaissent pas la ville, l'agent de police ... conseille d'éviter les vieux quartiers aux rues étroites. — Quand on a ôté ... arêtes, ces poissons sont tout à fait délicieux.

390 **Complète par** leur **ou** leurs **et accorde les noms.**

Les coureurs sont en nage, la sueur ... coule sur le visage. — Les chats sortent ... griffe... quand ils ont peur. — Pour ... confirmer notre venue, j'ai laissé un message sur ... répondeur... . — Les connaisseurs dégustent ... huître... sans une goutte de citron. — Avant de plonger, les scaphandriers contrôlent ... bouteille... d'oxygène.

391 **Complète par** leur **ou** leurs **et accorde les noms.**

Il y avait de la joie dans ... yeux. — Ils ont une faim de loup, prépare-... un solide goûter. — Les candidats affichent ... proposition... sur les murs de la ville. — Les guitaristes branchent ... instrument... avant le spectacle. — Les motards astiquent ... engin... avec soin. — Les oiseaux frappent aux vitres, nous ... jetons des graines.

392 **Écris les mots en bleu au pluriel et accorde les autres mots.**

Le perroquet s'agite sur son perchoir. — Le vent secoue la cabane et lui arrache son toit. — La commerçante soigne la présentation de sa vitrine. — Mon frère voulait un jeu vidéo, sa marraine le lui a offert. — Le plombier soude ses tuyaux. — Le marathonien est récompensé pour son fantastique exploit. — Le présentateur tutoie ses amis devant la caméra. — Le vendeur recommande ses produits.

393 **Écris les mots en bleu au pluriel et accorde les autres mots.**

Le cosmonaute a réussi son retour sur Terre ; les techniciens du centre spatial lui témoignent de la reconnaissance. — Le cycliste filait sur la grand-route, l'air vif lui cinglait le visage. — Le parc de loisirs change ses attractions chaque année. — L'électeur dépose son bulletin de vote dans l'urne.

394 **Écris un petit texte dans lesquel tu emploieras** leur, **pronom personnel, et** leur **ou** leurs, **adjectifs possessifs.**

395 Vocabulaire à retenir

le randonneur — le campeur — le présentateur — l'acteur — le vendeur le connaisseur — le répondeur — la sueur

ces, ses

Ces contretemps n'ont pas contrarié ses projets.
Ce contretemps n'a pas contrarié son projet.

RÈGLES

1. ces est le pluriel de ce, cet ou cette :
    ces contretemps → ce contretemps.

2. ses est le pluriel de son ou sa : ses projets → son projet.
Il faut écrire ses quand, après le nom, on peut dire **les siens,
les siennes**... :
    les contretemps n'ont pas contrarié ses projets (les siens).

EXERCICES

396 **Écris ces noms au pluriel.**
ce village   sa clé   sa fenêtre   cet homme   cette rivière

397 **Écris ces noms au singulier.**
ses épaules   ses genoux   ces joueurs   ses sœurs   ces robes

398 **Complète par** ces **ou** ses**. Explique l'emploi de** ses **en écrivant**
les siens **ou** les siennes **entre parenthèses.**
Jeanne est contente, ... yeux brillent. — Nicolas invite ... camarades à fêter
son anniversaire. — ... gâteaux sont appétissants. — Myriam tenait dans ...
mains une petite grenouille. — ... confitures sont fades.

399 **Complète par** ces **ou** ses**.**
Natacha rentre de l'école, j'entends ... pas dans l'escalier. — Sur ...
moquettes, monsieur Paysac constate que ... pas ne laissent pas de traces. —
... machines sont extraordinaires, elles font le travail de dix personnes. —
C'est dans ... livres que j'ai lu ... histoires.

400 **Complète par** ces **ou** ses**.**
... propositions de voyage en Asie sont séduisantes, mais madame Rossi
passera ... vacances avec ... cousins, en Corse. — Ce sont ... objectifs que
nous devons atteindre. — ... enfants attendent le père Noël et ... jouets. —
L'explorateur raconte ... voyages dans ... régions où vivent les tigres.

---

401 Vocabulaire à retenir
l'explorateur — la couleur — l'objectif — l'année, annuel, l'anniversaire

ce, se

Les enfants se retrouvent dans ce parc de loisirs.

RÈGLES

1. se est un **pronom** : il est toujours placé devant un verbe.
Il est remplacé par un autre pronom lorsqu'on change de personne :
  Ils se retrouvent. Je me retrouve.

2. ce est un **déterminant** : il se place devant un nom ou un adjectif.
Il peut être remplacé par un autre déterminant (ces, le, mon…) :
  ce parc, le parc.

Attention, on peut trouver ce ou c' devant un verbe (souvent **être**) ;
il s'agit alors d'un pronom : Jouons avec un ballon, ce sera plus amusant.

EXERCICES

402 **Complète par** ce ou se, **puis écris** déterminant **ou** pronom.
Exemple : ce rideau (déterminant) — se couper (pronom).
… pêcheur — … raser — … dépasser — … collier — … brûler — … préparer — … livre — … salader — … laver — … bouton — … voilier.

403 **Complète par** ce ou se (s').
… mot anglais … prononce difficilement. — Maintenant, les timbres …
collent facilement. — Les violettes … ouvrent au printemps. — … matin, le
temps … couvre. — Les écoliers … battent avec des boules de neige. —
Avec … produit, les couverts … nettoient sans difficulté. — Affamés, les
convives … attablent autour de … pot-au-feu bien chaud.

404 **Complète par** ce ou se (s').
… camion … embourbe dans le mauvais chemin. — Les motards ne …
déplacent jamais sans casque. — Une épaisse fumée … échappe de la cheminée. — … pommier … couvre de fleurs. — … meuble en chêne est solide. — Les enfants doivent … coucher tôt. — On … égare souvent dans … bois
touffu. — La plaie … ferme peu à peu. — … ballon de rugby est ovale.

405 **Écris deux phrases dans lesquelles tu emploieras**
à la fois ce **et** se (s').

406 Vocabulaire à retenir
se coiffer — se moquer — s'échapper — se prononcer
ce collier — ce saladier — ce cavalier — ce voilier

tout, quelque, chaque

tout le jour	**tous** les jours
toute la journée	**toutes** les heures
quelques instants	**quelque** chose
chaque maison	**chaque** animal

RÈGLES

1. tout se rapportant à un nom est variable et s'accorde en genre et en nombre avec ce nom :

   tout le jour ; **tous** les jours ; **toute** la journée ; **toutes** les heures.

2. quelque s'accorde seulement quand il a le sens de **plusieurs**.
   quelques (plusieurs) instants.

Remarque : Les expressions **quelque chose, quelque part** et **quelque temps** sont toujours au singulier.

3. chaque marque toujours le singulier : **chaque** maison.

Remarque : Rappelons-nous l'expression **chaque animal** qui met en évidence le singulier.

EXERCICES

407 Accorde tout **dans ces expressions.**

(tout) notre famille	(tout) mon groupe	(tout) votre classe
(tout) mes sœurs	(tout) ses vêtements	(tout) son temps
(tout) ce papier	(tout) leurs dents	(tout) ses cheveux

408 Recopie les noms suivants en les faisant précéder de chaque **puis de** un (ou une)**.** *Exemple* : cheval → chaque cheval, un cheval.
signal — hôpital — métal — journal — saison — fruit — objet.

409 Recopie les noms suivants en les faisant précéder **de** quelques **puis de** plusieurs.
laitue — échalote — haricot — oignon — tomate — poireau — melon.

410 Accorde, s'il y a lieu, les expressions entre parenthèses.
Nous jouons au Monopoly avec (quelque camarade). — (Tout) les villages sont reliés au réseau électrique. — Le champion court, suivi par (tout) ses concurrents. — J'ai attendu (quelque instant) au guichet. — Depuis (quelque temps), il pleut. — Il faut ranger (chaque chose) à sa place. — Il faut changer (chaque meuble) de place.

411 Recopie ces noms au singulier, puis écris-les au pluriel.

la poupée   la raquette   le domino   la bicyclette   la console
le tambour   le cerceau   le circuit   la peluche   le puzzle

412 Écris les mots en bleu au pluriel et accorde les verbes s'il y a lieu.

Mathieu range le disque. — La rivière inonde le pré. — Vous recomptez l'opération. — Vous ouvrez la fenêtre. — J'aime écouter le perroquet parler. — Le vent gonfle la voile. — Tu retournes la crêpe. — Jean-Yves essuie le meuble. — Monsieur Tarlet plante un clou.

413 Écris les mots en bleu au pluriel.

Le pêcheur glisse le poisson dans l'épuisette. — La neige recouvre le champ. — Tu allumes la lampe. — Le médecin soigne le malade. — Térésa range la confiture. — La sonnerie du réveil surprend le dormeur. — Tu couvres le livre. — L'hirondelle niche sous le toit. — Elle a vu une perdrix s'envoler. — Julien mange une noix.

414 Complète par -aux ou -eaux.

Les chev... piaffent avant de prendre le départ. — Le fer, le cuivre, le plomb sont des mét... très utilisés. — Les bat... à roues ne transportent plus que des touristes. — Je vérifie les tot... des opérations. — L'église est décorée de beaux vitr... — Chaque jour, mon père lit plusieurs journ... — Les barr... de la cage sont solides ; les spectateurs ne risquent rien.

415 Accorde les adjectifs ou les participes passés entre parenthèses.

Le Petit Poucet (égaré) monte à l'arbre. — J'ai pris (bon) note de ta réponse (mesuré) ; je suivrai ton conseil. — Les messages (téléphonique) sont (enregistré) tous les jours. — Je me promène dans une vallée (ombragé). — Pour chasser les moustiques, Heidi est (armé) d'une bombe insecticide. — Le boulanger retire du four des pains (doré). — Les lames (aiguisé) sont (tranchant) : attention aux doigts !

416 Accorde les adjectifs ou les participes passés entre parenthèses.

Les enfants jouent dans la cour (sablé). — Le rouleau passe sur la terre (ensemencé). — Les muguets (parfumé) annoncent l'arrivée du mois de mai. — Whisky a des poils (noir) et (blanc). — La (lourd) remorque, (tiré) par le tracteur, avance lentement. — Les arbres (touffu) projettent de (grand) ombres.

417 Accorde les adjectifs ou les participes passés entre parenthèses.

Nous sommes (parti) très tôt. — Cette huile (spécial) est (utilisé) pour les (puissant) moteurs de Formule 1. — La mer est (déchaîné), les bateaux rentrent au port. — Les (jeune) comédiens montent sur une scène (surélevé). — Les tuyaux bien (isolé) conservent mieux la chaleur. — Les marchandises (soldé) se vendent plus facilement.

418 Écris les verbes au présent de l'indicatif.

Les graines de haricot (germer) en quelques jours. — Les enfants (croquer) une pomme. — Le cep de vigne (porter) de grosses grappes. — Les promotions (attirer) toujours les clients. — Le blanchisseur et son employé (laver) et (repasser) le linge. — L'alpiniste et son guide (escalader) la montagne. — L'oranger et le citronnier (pousser) dans les pays chauds.

419 Écris les verbes à l'imparfait de l'indicatif.

Les parachutistes (sauter) avec plaisir. — Le bateau (quitter) le port. — Les hélicoptères (voler) à faible altitude. — Les fraises et les cerises (commencer) à mûrir. — Le chant des oiseaux (égayer) la forêt. — Le conducteur et son passager (boucler) leur ceinture de sécurité.

420 Complète par à ou a.

Ma sœur … des cheveux blonds. — Monsieur Gorlier … une médaille accrochée à son veston. — Depuis que des voitures électriques circulent … La Rochelle, la pollution … diminué. — Paul Bocuse … préparé un potage … l'oseille qu'il … mangé avec un œuf … la coque. — Le règlement … prévu toutes les situations, … nous de bien l'observer.

421 Complète par et ou est.

Le bouquet … formé d'œillets … de roses. — L'arbre jaunit … perd ses feuilles ; c'… l'automne. — On monte aussi rapidement au sixième étage par l'escalier, … c'… plus sportif ! — Les camions … les autobus sont arrêtés au péage ; l'attente … longue. — La fraise … un fruit sucré.

422 Complète par son ou sont.

Avant de descendre, le skieur vérifie … équipement. — À l'arrivée, les coureurs … en sueur. — L'agriculteur passe dans … champ : les blés … mûrs. — Les pilotes … sur la ligne de départ : ils attendent que le starter lève … drapeau. — Les numéros … à moitié effacés. — Mathieu ne retrouve plus … cahier. — Le directeur utilise … ordinateur portable.

423 Complète par ont ou on.

Les coureurs … des maillots aux couleurs vives ; … les voit de loin. — Les arbres … leurs premières feuilles ; … est content, c'est le printemps. — … oblige les camions qui … de lourds chargements à éviter le centre-ville. — … raconte que deux ours … été vus dans les Pyrénées. — Les touristes … le visage bronzé. — … écoute les personnes qui … de l'expérience.

424 Complète par leur ou leurs.

Les arbres perdent … feuilles. — Ils ont retrouvé … clés au fond du tiroir. — Nous … distribuons des images. — Les jeunes écoutent … disques sur … baladeur ; ils sont les seuls à en profiter ! — Les petits enfants ont de la peine à s'endormir, … maman … fredonne une chanson.

425 Complète par ces ou ses.

... boîtes vides seront jetées dans un conteneur spécial car chacun
doit apprendre à trier ... déchets ménagers. — ... montagnes sont boisées.
— Le menuisier range ... outils. — Le jeune enfant fait ... premiers
pas, il vacille sur ... petites jambes. — ... rivières sont poissonneuses.
— ... raisins sont sucrés. — Madame Guichard prend ... lunettes pour lire.

426 Complète par ce (déterminant) ou se, s' (pronom).

Effrayé, ... lapin ... cache dans le buisson. — Comment ... funambule
arrive-t-il à ... tenir en équilibre sur un fil aussi étroit ? — ... soir, Franck
et ses amis ... sont réunis pour fêter l'anniversaire de Sandy. — Les enfants
... partageront ... grand gâteau. — Dans ... jardin, il y a des fleurs
magnifiques. — ... vêtement fragile ... lave à la main. — Les adversaires
... serrent la main après la partie.

427 Complète par a ou à.

Elle ... réparé ce qu'elle ... cassé. — La course ... la cocarde ... attiré
un nombreux public. — Le serrurier ... rangé ses outils. — Le chauf-
fagiste ... nettoyé les brûleurs de la chaudière ... gaz. — Le petit frère
de Frédéric commence ... marcher et ... babiller. — Marine ... fouillé tous
les tiroirs ... la recherche de sa clé. — Voilà une affaire en or : c'est ...
prendre ou ... laisser !

428 Complète par et ou est.

Courageux ... tenace, le sportif ... au stade malgré le mauvais temps.
— La fête ... finie ... les forains démontent les manèges. — Le chanteur ...
de retour sur scène ... le public ... ravi. — Silencieuse ... calme, la neige
... tombée toute la nuit. — La machine à laver ... en panne ; les draps ...
les serviettes attendront.

429 Écris deux phrases dans lesquelles tu emploieras ces,
deux phrases dans lesquelles tu emploieras ses et enfin
deux phrases dans lesquelles tu emploieras à la fois ces et ses.

430 Complète par -é ou -er.

Elle a un secret à nous confi... . — Le brouillard a envelopp... le village.
— La vipère a ramp... dans l'herbe. — Les nageurs se tiennent prêts à
plong... . — Le chien a hurl... toute la nuit. — La pluie a désorganis...
toute la manifestation, il a fallu rentr... à midi.

431 Complète le participe passé en -é ou l'infinitif en -er.

Les élèves vont dessin... une bouteille. — Le vase dessin... par les élèves
est vide. — Le match termin..., les équipes se reposent. — Vous devrez termin... ce travail pour demain. — Je lis un journal illustr... — Nous avons
l'habitude d'illustr... nos récitations.

Révision

432 Complète le participe passé en -é ou l'infinitif en -er.

Le papillon pos... sur la fleur bat des ailes. — Le braconnier allait pos... des pièges pendant la nuit. — Le carreau bris... tombe avec fracas. — Le vent violent vient de bris... des branches du cerisier. — Antony apporte une crème renvers... pour le dessert. — Il ne faudrait pas renvers... ce pot de peinture !

433 Accorde le participe passé ou écris le verbe à l'imparfait.

Les bouchers accroch... des quartiers de viande. — Les jambons accroch... dans la vitrine sont appétissants. — Votre argent plac... vous rapporte-t-il beaucoup ? — Madame Tardy plaç... toutes ses économies à la caisse d'épargne. — Les pêcheurs congel... le poisson sur le chalutier même. — La viande congel... est aussi savoureuse que la viande fraîche.

434 Écris les verbes entre parenthèses au participe passé.

Les pièces de cette maison sont (meubler) avec goût. — Le vent souffle, la voile est (gonfler), le bateau avance rapidement. — Ces chemises sont (froisser), il faudra les repasser. — Ces verres sont (fêler), ne vous en servez pas. — Les trains sont (annoncer), les voyageurs se préparent.

435 Écris les verbes entre parenthèses au participe passé.

La tour Eiffel est (photographier) par des millions de touristes. — Les vignes seront (tailler) pour donner de belles grappes. — Les fils électriques sont (tomber) à terre ; surtout ne les touchez pas. — Les vacanciers étaient bien (équiper) pour faire une promenade en mer. — Les murs de la maison sont (recouvrir) de vigne vierge. — Nous sommes (presser) de partir.

436 Écris les verbes entre parenthèses au participe passé.

Les chats ont été (dorloter). — Le jugement a été (rendre) ; les accusés ont été (reconnaître) innocents. — Les ampoules défectueuses ont été (remplacer), l'avenue est désormais (illuminer) en permanence. — Les poissons ont été (écailler) et ils sont (conserver) au congélateur. — La malle a été (embarquer) au Havre et elle arrivera à Dakar dans un mois.

437 Écris les verbes entre parenthèses au participe passé.

Les campeurs ont (boucler) leur sac. — Les cartables sont (boucler), les écoliers rentrent à la maison. — Les valises ont été (boucler), puis (transporter) à la gare. — La chaleur a (accabler) les coureurs. — Les randonneurs sont (accabler) par le soleil brûlant, ils se reposent à l'ombre. — Pendant des siècles, les paysans français ont été (accabler) d'impôts.

Conjugaison

Infinitif, radical, terminaison.
Les trois groupes de verbes.

regarder le livre   **attend**re la récréation
choisir un numéro   **recev**oir une lettre

RÈGLES

1. Les verbes **regarder, choisir, attendre, recevoir** sont écrits
à l'infinitif. Un verbe à l'infinitif se compose de deux parties :

le radical	la terminaison		le radical	la terminaison
regard-	-er		**attend-**	-re
chois-	-ir		**recev-**	-oir

2. On classe les verbes en **trois groupes** selon leur infinitif :

Le 1er groupe comprend tous les verbes en **-er** comme regard**er** :
regard**er** → nous regardons.

Le 2e groupe comprend les verbes en -ir comme **choisir** qui intercalent
-iss- entre le radical et la terminaison pour certaines formes conjuguées :
chois**ir** → nous chois**iss**ons.

Le 3e groupe comprend tous les autres verbes comme **attendre**,
recevoir et quelques verbes en -ir comme **courir** qui n'intercalent
pas **-iss-** entre le radical et la terminaison : cour**ir** → nous courons.

Remarques :

1. Les verbes **être** et **avoir** n'appartiennent à aucun groupe.

2. La conjugaison du verbe **aller** (en **-er**) est **irrégulière**.

EXERCICES

436 **Sépare le radical de la terminaison :** descend-re.
dessiner — franchir — pouvoir — savoir — élargir — venir — fumer.

437 **Après chaque verbe, écris l'infinitif et indique le groupe.**
J'étends la couverture. — Tu écoutes la radio. — La vérité triomphe toujours. — Vous salissez la moquette. — Nous réussissons un tour de magie.

438 **Trouve cinq verbes de chaque groupe.**

439 Vocabulaire à retenir
apprendre — étendre — pouvoir — savoir — recevoir

Les temps et les personnes

J'**écoute** un disque ; vous **écout**iez la radio.

RÈGLES

1. La terminaison des verbes varie selon le moment où se fait l'action et selon la personne.
Le moment où se fait l'action s'appelle **le temps**.
    Aujourd'hui, j'écoute   un disque → temps **présent**.
    Hier,   j'écoutais   un disque → temps **passé** (imparfait).
    Demain,   j'écouterai un disque → temps **futur**.

2. Il y a trois personnes pour le singulier : **je, tu, il** (ou **elle** et **on**),
et trois personnes pour le pluriel : **nous, vous, ils** (ou **elles**).

		Aujourd'hui Présent		Hier Imparfait		Demain Futur	
Singulier	1re p.	j'	écout-e	j'	écout-ais	j'	écout-erai
	2e p.	tu	écout-es	tu	écout-ais	tu	écout-eras
	3e p.	il	écout-e	elle	écout-ait	il	écout-era
Pluriel	1re p.	nous	écout-ons	nous	écout-ions	nous	écout-erons
	2e p.	vous	écout-ez	vous	écout-iez	vous	écout-erez
	3e p.	elles	écout-ent	ils	écout-aient	elles	écout-eront

EXERCICES

440 **Complète avec** aujourd'hui**, hier ou** demain.
... , il bêchait le potager ; ... , il repique des poireaux ; ... , il désherbera les allées. — ... , tu sautes de joie ; ... , tu pleurais ; ... , tu riras. — ... , Manuel chantera ; ... , il dessine ; ... , il jouait.

441 **Indique le temps de chaque verbe.**
Exemple : Je m'amuserai (futur).
Je mange des kiwis. — Je rentrerai tôt. — Je chantais dans ma salle de bain. — Tu mettras le couvert. — Elle visitait le musée du Louvre. — Demain, il laissera sa voiture au garage. — Nous contournons le centre de la ville.

442 **Écris trois séries de phrases avec le même verbe à la même personne, mais à des temps différents.**
Exemple : Hier, je déjeunais chez ma tante. Aujourd'hui, je déjeune à la pizzeria. Demain, je déjeunerai à la cantine.

---

443 Vocabulaire à retenir

le carré, le carrelage, le carreau — la salle — la balle — la malle

---

L'expression à conjuguer contient deux verbes

Au refuge, je **pose** et je **vide** mon sac à dos.

RÈGLE

Dans une phrase, l'expression à conjuguer peut contenir deux verbes :
Au refuge, je **pose** et je **vide** mon sac à dos.

deux verbes à conjuguer

je	**pose**	et	je	**vide**
tu	**poses**	et	tu	**vides**
il/elle	**pose**	et	il/elle	**vide**
nous	**posons**	et	nous	**vidons**
vous	**posez**	et	vous	**videz**
ils/elles	**posent**	et	ils/elles	**vident**

EXERCICES

444 Conjugue au présent de l'indicatif.

préparer et allumer le feu
ramasser et couper le bois

amuser le chien et le caresser
observer une éclipse et la filmer

445 Écris les verbes entre parenthèses au présent de l'indicatif.
Je (marcher) à l'ombre et je (chanter). — Tu (chercher) mon adresse et tu la (trouver). — Il (tomber) et il (crier). — Nous (économiser) l'eau et nous ne la (gaspiller) pas. — Ils (entrer) sur le terrain et il (commencer) la partie. — Vous (composer) une chanson et vous la (présenter) à vos amis.

446 Écris les verbes à la 3e personne du pluriel du présent de l'indicatif. Tu choisiras un nom sujet.

tailler et arroser les rosiers
enlever et brosser sa veste

découper une vignette et la coller
inventer une histoire et la raconter

447 Écris les verbes de l'exercice précédent à la 2e personne du pluriel du présent de l'indicatif.

448 Écris trois phrases dans lesquelles tu emploieras deux verbes du 1er groupe au présent de l'indicatif.

449 Vocabulaire à retenir

la vignette — la poussette — l'allumette — la fillette — la noisette

La 3e personne

Aujourd'hui, **la famille** regarde la télévision.
Aujourd'hui, **elle** regarde la télévision.

RÈGLES

1. À la place d'un nom singulier on peut mettre un pronom
de la 3e personne du singulier (**on, il** ou **elle**), et inversement :
   La famille regarde la télévision.   **Elle** regarde la télévision.

2. À la place d'un nom pluriel on peut mettre un pronom
de la 3e personne du pluriel, et inversement :
   Les enfants regardent la télévision.   **Ils** regardent la télévision.

EXERCICES

450 **Conjugue sur le modèle suivant en changeant de nom.**
Exemple : Je soigne le malade. Tu … Elle … L'infirmière … Nous …
Vous … Ils … Les médecins …

soigner le malade	chanter gaiement	pousser la brouette
garder son calme	réparer un moteur	attacher sa ceinture
planter des clous	décorer la classe	préparer le repas

451 **Écris entre parenthèses un nom qui convient comme sujet.**
Il copie un résumé d'histoire. — Elle berce son petit bébé. — Ils arrêtent les
voleurs. — Elles bourdonnent sans arrêt. — Il répare le moteur. — Elles
tapent à la machine. — Ils attrapent les souris. — Elles donnent du bon lait.

452 **Écris entre parenthèses un nom qui convient comme sujet.**
Ils coupent les cheveux. — Elles picorent le grain. — Il utilise des pinceaux
et des brosses. — Ils bêlent. — Ils se cramponnent aux rochers. — Il enfonce
le clou avec son marteau.

453 **Écris les verbes entre parenthèses au présent de l'indicatif.**
Le phare (briller) au loin. — Les étoiles (briller) la nuit. — Le tracteur
(tirer) la remorque. — Les cavaliers (tirer) sur les rênes. — Les cyclistes
(grimper) la côte. — Le lierre (grimper) le long du mur. — Les clowns
(tomber) à la renverse. — Le rêveur (tomber) des nues. — Le présentateur
(rester) sans voix. — Les adversaires (rester) face à face.

454 Vocabulaire à retenir
déplacer — dépenser — décapsuler — attraper — arroser

Le présent de l'indicatif du verbe être

Maintenant, je suis en bonne santé.

RÈGLE

Le verbe **être** est un verbe très fréquent. Il faut bien savoir le conjuguer :
Je suis en bonne santé.

être	je suis	nous sommes
	tu es	vous êtes
	il est	elles sont

Remarque : **être** peut servir d'auxiliaire aux temps composés.
Je **suis** arrivé. Elle **est** partie.

EXERCICES

455 **Conjugue au présent de l'indicatif.**
être dans la lune — être à table — être en vacances — être à l'heure.

456 **Complète les phrases par le verbe** être **au présent de l'indicatif.**
Je ... en promenade. — Tu ... à la bibliothèque. — Il ... chez sa grand-mère. — Elle ... au jardin. — Nous ... à la pêche. — Vous ... sur le parking. — Ils ... dans l'escalier. — Elles ... au cinéma. — Je ... en avance. — Le couvreur ... sur le toit. — Elles ... à l'école.

457 **Complète les phrases par le verbe** être **au présent de l'indicatif.**
L'acrobate ... en équilibre. — Les marins ... en danger. — Les cuvettes ... en plastique. — Les voitures ... en promotion. — Le poisson ... dans l'aquarium. — Les hirondelles ... de retour. — Les cheminots ... en grève. — Ils ... en maillot de bain. — Il ... à l'abri. — Le joueur ... au vestiaire.

458 **Transforme les phrases suivantes en mettant le sujet au pluriel et en gardant la même personne.**
Exemple : Je suis d'accord avec vous. Nous sommes d'accord avec vous.
Je suis dans le bois. — Tu es en voyage. — Le voilier est en difficulté. — Elle est au magasin. — L'automobile est au fond du garage.

459 **Écris trois phrases avec le verbe** être **au présent de l'indicatif.**

460 Vocabulaire à retenir
le voyage — la campagne — la prairie — un magasin — un danger

Le présent de l'indicatif du verbe avoir

Maintenant, j'ai de la chance.

RÈGLE

Le verbe **avoir** est un verbe très fréquent. Il faut bien savoir le conjuguer :
En ce moment, j'ai de la chance.

avoir	j' ai	nous avons
	tu as	vous avez
	elle a	ils ont

Remarque : avoir peut servir d'auxiliaire aux temps composés.
Tu **as** gagné. Nous **avons** terminé.

EXERCICES

461 **Conjugue au présent de l'indicatif.**
avoir un canif — avoir une bicyclette — avoir soif — avoir faim.

462 **Complète avec le verbe** avoir **au présent de l'indicatif.**
J'… des jouets. — Tu … un petit frère. — Il … un disque. — Elle … une poupée. — Nous … chaud. — Vous … une belle écriture. — Ils … le regard franc. — Elles … de jolies robes. — Le loup … de grandes dents.

463 **Complète avec le verbe** avoir **au présent de l'indicatif.**
Le chat … l'air sournois. — L'appartement … trois pièces. — Vous … de l'imagination. — Nadège … un jeu électronique. — L'ogre … de l'appétit. — Les Bretonnes … des coiffes brodées. — Le malade … de la fièvre.

464 **Conjugue le verbe** avoir **au présent de l'indicatif en remplaçant** de la chance **par une expression différente à chaque personne.**

465 **Transforme les phrases comme l'indique le modèle.**
Exemple : J'ai une heure d'avance. → Nous avons une heure d'avance.
J'ai une bonne santé. — Tu as de la patience. — Il a un crayon bleu. — Elle a les mains propres. — Le coq a la crête rouge. — Le chien a du flair.

466 **Écris trois phrases avec le verbe** avoir **au présent de l'indicatif.**

467 Vocabulaire à retenir
avoir faim — la honte — la haine — du flair — le regard — l'appartement

66e leçon

Le présent de l'indicatif des verbes en -er (1er groupe)

Aujourd'hui, je regarde un film.

RÈGLE

Au présent de l'indicatif, les verbes du 1er groupe, c'est-à-dire les verbes en -er, ont tous les mêmes terminaisons :

je	-e	nous	-ons	je regarde	nous regardons
tu	-es	vous	-ez	tu regardes	vous regardez
il/elle	-e	ils/elles	-ent	il regarde	elles regardent

Verbes du 1er groupe					
aimer	parler	chanter	pleurer	compter	reculer
entrer	siffler	expliquer	souffler	galoper	tomber
glisser	tourner	guetter	trembler	montrer	voler

EXERCICES

468 Conjugue au présent de l'indicatif.
compter des billets — danser la samba — assister au spectacle.

469 Conjugue le verbe regarder au présent de l'indicatif et remplace un film par un complément différent à chaque personne.

470 Écris les verbes entre parenthèses au présent de l'indicatif.
Je (fermer) la porte. — Tu (retrousser) tes manches. — Il (arracher) la victoire. — Elle (modifier) sa réponse. — Nous (accepter) ta proposition. — Vous (gaspiller) du papier. — Ils (taper) dans leurs mains. — On (parfumer) les salles d'attente des aéroports.

471 Transforme ces phrases en mettant le sujet à la personne correspondante du pluriel.
Tu montes à cheval. — Je guide le voyageur. — Il brasse la pâte. — Elle verse de la tisane. — Tu tournes la manivelle. — Il chante à la chorale.

472 Écris un texte dans lequel tu emploieras des verbes du 1er groupe au présent de l'indicatif.

473 Vocabulaire à retenir
fredonner — mâcher — retrousser — arracher — accepter

Le présent de l'indicatif des verbes en -ier, -ouer, -uer

Ils jou**ent** au ballon et cri**ent** à chaque but marqué.

RÈGLE

Au présent des verbes en **-ier, -ouer, -uer**, les terminaisons du singulier et de la 3e personne du pluriel ne s'entendent pas, mais il faut toujours mettre **-e, -es, -e, ent** parce que ce sont des verbes en **-er** :

crier		jouer		éternuer	
je	crie	je	joue	j'	éternue
tu	cries	tu	joues	tu	éternues
elle	crie	il	joue	elle	éternue
nous	crions	nous	jouons	nous	éternuons
vous	criez	vous	jouez	vous	éternuez
elles	crient	ils	jouent	elles	éternuent

Verbes du 1er groupe en -ier			en -ouer	en -uer
apprécier	copier	oublier	clouer	diminuer
associer	étudier	plier	secouer	éternuer
balbutier	manier	crier	trouer	remuer

EXERCICES

474 **Conjugue au présent de l'indicatif.**
oublier la date — clouer la planche — distribuer des tracts — manier le pinceau
secouer la tête — remuer la sauce — colorier un dessin — nouer le lacet

475 **Écris les verbes aux trois personnes du singulier du présent de l'indicatif. La 3e personne sera représentée par un nom.**
lier connaissance — copier l'adresse — plier les serviettes

476 **Écris les verbes entre parenthèses au présent de l'indicatif.**
Ce médicament (atténuer) la douleur. — L'équipage (bénéficier) d'une éclaircie pour regagner le port. — Tu (continuer) jusqu'à la station Châtelet. — En automne, les jours (diminuer). — J'(avouer) mon erreur. — Nous (photographier) la vieille église. — Le faussaire (falsifier) les documents.

477 Vocabulaire à retenir
nourrir, la nourriture, nourrissant, la nourrice
courir, le coureur, la course

Le présent de l'indicatif des verbes en -eler et en -eter

Elle proje**tt**e de partir en Inde
et appe**ll**e l'agence de voyages.

RÈGLES

1. Les verbes du 1er groupe terminés à l'infinitif par **-eler** ou **-eter**
s'écrivent généralement avec **ll** ou **tt** devant un **e** muet :
j'appe**ll**e, nous appelons ; je je**tt**e, nous jetons.

2. Quelques verbes comme **acheter** et **geler** ne doublent pas le **l**
ou le **t** devant un **e** muet, mais s'écrivent avec un accent grave sur le **e**.
C'est le cas de **démanteler, congeler, modeler** : j'ach**è**te, je cong**è**le.

appeler	j'	appelle	nous	appelons	**jeter**	je jette	nous jetons
	tu	appelles	vous	appelez		tu jettes	vous jetez
	elle	appelle	elles	appellent		il jette	ils jettent

Verbes en -eler (ll)			en -eter (tt)	
carreler	étinceler	renouveler	cacheter	feuilleter
épeler	ficeler	ruisseler	étiqueter	projeter

EXERCICES

478 Conjugue au présent de l'indicatif.

acheter du parfum ficeler un colis congeler de la viande
harceler les clients feuilleter une revue épousseter les meubles

479 Écris les verbes entre parenthèses au présent de l'indicatif.

J'(atteler) le chien au traîneau. — Vous (ficeler) le sac. — La pluie (ruisseler) sur les vitres. — Nous (ruisseler) de sueur. — J'(empaqueter) des morceaux de savon. — Les policiers (démanteler) un réseau de trafiquants.

480 Conjugue ces verbes à la 2e personne du singulier, aux 1re
et 3e personnes du pluriel, en donnant un complément différent
à chaque personne.

feuilleter — jeter — ressemeler — acheter — appeler — épeler.

481 Vocabulaire à retenir

appeler — renouveler — étinceler — épeler — congeler
projeter — rejeter — acheter

Le présent de l'indicatif des verbes en -yer

Le peintre appuie son échelle contre le mur
et nettoie son pinceau.

RÈGLES

1. Les verbes en **-yer** changent le **y** en **i** devant un **e** muet :
   j'appuie, nous appuyons.

2. Les verbes en **-ayer** peuvent conserver le **y** devant un **e** muet
   ou bien le changer en **i** : je paye ou je paie.

nettoyer		appuyer	
je nettoie	nous nettoyons	j' appuie	nous appuyons
tu nettoies	vous nettoyez	tu appuies	vous appuyez
il nettoie	ils nettoient	elle appuie	elles appuient

Verbes en -oyer			en -ayer		en -uyer
aboyer	envoyer	renvoyer	essayer	effrayer	ennuyer
broyer	noyer	tournoyer	payer	bégayer	essuyer

EXERCICES

482 Conjugue au présent de l'indicatif.

essuyer les meubles   renvoyer l'ascenseur   noyer le poisson
envoyer un message   tutoyer tout le monde   ennuyer le public
balayer le couloir   vouvoyer les adultes   payer la note

483 Écris les verbes entre parenthèses au présent de l'indicatif.
Les commerçants (nettoyer) devant leur boutique. — Le prisonnier (sou-
doyer) les gardiens. — Le bouquet (égayer) la maison. — Nous (rayer) tous
les adjectifs de cette phrase. — Dans la conversation, on n'(employer) plus
le passé simple. — Nous (s'apitoyer) sur le sort des bébés phoques.

484 Écris les verbes entre parenthèses au présent de l'indicatif.
L'épouvantail (effrayer) les moineaux. — Le chien (aboyer) sans arrêt. —
Tu (payer) avec une carte bancaire. — Les aigles (tournoyer) au-dessus des
montagnes. — Je (broyer) du noir. — Vous (essayer) des chaussures.

485 Vocabulaire à retenir
essayer — payer — rayer — appuyer — nettoyer — essuyer — employer

70ᵉ leçon

Le présent de l'indicatif des verbes en -ir (2ᵉ groupe)

Aujourd'hui, je **remplis** la piscine d'eau.

RÈGLES

1. Au présent de l'indicatif, les verbes en -ir du 2ᵉ groupe prennent les terminaisons suivantes : -**s**, -**s**, -**t**, -**ons**, -**ez**, -**ent** : je rempl**is**, il rempl**it**.

2. Ce qui distingue les verbes du 2ᵉ groupe des autres verbes en -**ir**, c'est l'élément -**iss**- aux trois personnes du pluriel : nous rempl**iss**ons.

remplir	je remplis	nous remplissons
	tu remplis	vous remplissez
	il remplit	ils remplissent

Verbes du 2ᵉ groupe

| accomplir | bondir | frémir | guérir | noircir | pâlir | rougir | salir |
| bâtir | finir | grossir | maigrir | obéir | réussir | saisir | vieillir |

EXERCICES

486 **Conjugue au présent de l'indicatif.**
fleurir la table — vernir le meuble — embellir la maison — démolir le mur — rougir de plaisir — gravir la pente — saisir sa chance — finir le travail — maigrir un peu — préparer et garnir un plat — réfléchir et agir ensuite.

487 **Écris les verbes entre parenthèses au présent de l'indicatif.**
J'(obéir) au coup de sifflet de l'arbitre. — Tu (salir) ton short. — Il (pâlir) d'émotion. — Le lait (tiédir) sur la cuisinière. — Les phares (éblouir) le chauffeur. — Nous (fournir) un effort important. — Vous (remplir) le bassin.

488 **Écris les verbes entre parenthèses au présent de l'indicatif.**
Le gardien de but (bondir) et (bloquer) le ballon. — La pluie (rafraîchir) la température. — L'oiseau (bâtir) son nid. — Beaucoup de fruits (mûrir) en automne. — L'architecte (établir) un devis avec les plans.

489 **Écris trois phrases dans lesquelles tu emploieras un verbe du 2ᵉ groupe au présent de l'indicatif.**

490 Vocabulaire à retenir
réfléchir — accomplir — vieillir — pâlir — rougir — éblouir — avertir

Le présent de l'indicatif des verbes en -dre (3ᵉ groupe)

Je **réponds** au téléphone.

> ## RÈGLE
>
> Au présent de l'indicatif, les verbes en **-dre** conservent généralement le **d** : je répon**ds**, tu répon**ds**, il répon**d**.
>
> **Remarque :** Les verbes comme **attendre** qui se terminent par le son [ɑ̃dʀ] s'écrivent **-endre**, sauf **épandre** et **répandre** qui s'écrivent avec **an**.
>
> | répondre | je réponds | nous répondons |
> |---|---|---|
> | | tu réponds | vous répondez |
> | | il répond | ils répondent |

Verbes en -endre		en -andre	en -dre
défendre	pendre	épandre	mordre
entendre	vendre	répandre	perdre

EXERCICES

491 Conjugue au présent de l'indicatif.
tendre la main — vendre un livre — tordre la serviette — répondre poliment — défendre son camp — perdre du temps — trébucher et mordre la poussière — finir un tableau et le vendre — clouer le cadre et le suspendre.

492 Écris les verbes entre parenthèses au présent de l'indicatif.
La caissière (rendre) la monnaie. — Il (tendre) le bras pour signaler qu'il (tourner). — Le voisin (tondre) sa pelouse. — Tu (fendre) la planche dans le sens de la longueur. — Le pilote (attendre) le signal pour décoller.

493 Écris les verbes entre parenthèses au présent de l'indicatif.
Tu (descendre) l'escalier de la tour Eiffel. — Les glaçons (fondre) dans les verres d'orangeade. — Je (moudre) des grains de café. — Vous (suspendre) votre imperméable au portemanteau.

494 Écris trois phrases dans lesquelles tu emploieras un verbe du 3ᵉ groupe, terminé par -dre à l'infinitif, au présent de l'indicatif.

495 Vocabulaire à retenir
entendre — répandre — tondre — fondre — perdre — mordre — tordre

Le présent de l'indicatif de quelques verbes particuliers du 3e groupe

Il **sort** de la maison et **disparaît** dans la campagne.

RÈGLES

De nombreux verbes du 3e groupe ont une conjugaison particulière, il faut bien la connaître.

1. Les verbes en [ɥiʀ] comme **conduire** s'écrivent avec un **e** à l'infinitif, sauf **fuir** et **s'enfuir**.

2. Les verbes en [ɛtʀ] de la famille de **mettre** s'écrivent -**ettre**; les autres verbes s'écrivent -**aître**.

faire	pouvoir	aller	venir
je fais	je peux	je vais	je viens
tu fais	tu peux	tu vas	tu viens
il fait	elle peut	il va	elle vient
nous faisons	nous pouvons	nous allons	nous venons
vous faites	vous pouvez	vous allez	vous venez
ils font	ils peuvent	elles vont	ils viennent

voir	prendre	vouloir	dire
je vois	je prends	je veux	je dis
tu vois	tu prends	tu veux	tu dis
elle voit	il prend	elle veut	il dit
nous voyons	nous prenons	nous voulons	nous disons
vous voyez	vous prenez	vous voulez	vous dites
ils voient	elles prennent	ils veulent	elles disent

conduire	sortir	mettre	paraître
je conduis	je sors	je mets	je parais
tu conduis	tu sors	tu mets	tu parais
il conduit	elle sort	il met	elle paraît
nous conduisons	nous sortons	nous mettons	nous paraissons
vous conduisez	vous sortez	vous mettez	vous paraissez
elles conduisent	ils sortent	elles mettent	ils paraissent

écrire	dormir	coudre	asseoir
j' écris	je dors	je couds	j' assieds
tu écris	tu dors	tu couds	tu assieds
elle écrit	il dort	elle coud	il assied
nous écrivons	nous dormons	nous cousons	nous asseyons
vous écrivez	vous dormez	vous cousez	vous asseyez
ils écrivent	elles dorment	ils cousent	elles asseyent

asseoir : on peut dire aussi : j'assois, tu assois, il assoit, nous assoyons, vous assoyez, ils assoient.

Les verbes suivants se conjuguent au présent comme						
conduire		**sortir**	**mettre**		**paraître**
construire	introduire	pressentir	admettre	abattre	apparaître
cuire	produire	mentir	commettre	battre	comparaître
détruire	réduire	partir	permettre	combattre	connaître
instruire	traduire	sentir	promettre	débattre	disparaître

EXERCICES

496 Conjugue au présent de l'indicatif.

aller au cirque — faire un détour — dire la vérité — venir à l'heure — prendre le temps — coudre un bouton — partir en voyage — battre un record — détruire les preuves — connaître la route — mettre le couvert — construire une hutte.

497 Conjugue au présent de l'indicatif.

sentir le froid et mettre un bonnet
écrire et souligner des mots

battre la mesure et la suivre
prendre un billet et le payer

498 Écris la terminaison de ces verbes au présent de l'indicatif.

Tu cou…   Je peu…   Vous fai…   Je met…   Nous fai…
Je sor…   Tu veu…   Vous di…   Je vien…   Vous parai…
Ils voi…   Ils pren…   Vous dorm…   Ils assoi…   Tu peu…

499 Écris les verbes entre parenthèses au présent de l'indicatif.

Le soleil (disparaître) derrière un gros nuage. — Je (reconnaître) mon erreur. — À l'arrivée, le coureur ne (sentir) plus ses jambes. — Je ne (mentir) pas : je (pouvoir) plonger de trois mètres. — La lune (apparaître) derrière les nuages. — Les fleurs (renaître) au printemps. — Les grandes pluies (nuire) aux récoltes. — La Chine (entreprendre) la construction d'un barrage géant. — En entrant dans cette pièce, je (sentir) une odeur de gâteau.

500 Écris les verbes entre parenthèses au présent de l'indicatif.

Il (faire) froid, je (battre) la semelle. — Tu (tenir) ta promesse, tu (venir) me voir. — Tu (partir) en vacances au Kenya. — Vous (dire) la vérité. — Comme vous (être) grandes, vous (faire) plus que votre âge. — Je (connaître) le nom de tous les musiciens du groupe des Dragons.

501 Écris un texte dans lequel tu emploieras ces verbes au présent de l'indicatif.

faire — aller — pouvoir — venir — mettre — partir.

502 Vocabulaire à retenir

paraître, apparaître, disparaître — admettre, promettre, permettre

Des verbes qui se ressemblent au présent de l'indicatif

Il **plie** la nappe. Elle **remplit** son verre.
Tu **vois** notre ami. Tu lui **envoies** un message.

RÈGLE

Pour bien écrire un verbe au présent de l'indicatif, il faut d'abord retrouver son infinitif. Ensuite on prend la terminaison qui correspond à la personne :

il plie :	verbe **plier**	→	1er groupe, 3e personne →	terminaison : **e**
elle remplit :	verbe **remplir**	→	2e groupe, 3e personne →	terminaison : **t**
tu envoies :	verbe **envoyer**	→	1er groupe, 2e personne →	terminaison : **es**
tu vois :	verbe **voir**	→	3e groupe, 2^e personne →	terminaison : **s**

plier		remplir		envoyer		voir	
je	plie	je	remplis	j'	envoie	je	vois
tu	plies	tu	remplis	tu	envoies	tu	vois
elle	plie	il	remplit	il	envoie	elle	voit
nous	plions	nous	remplissons	nous	envoyons	nous	voyons
vous	pliez	vous	remplissez	vous	envoyez	vous	voyez
ils	plient	elles	remplissent	elles	envoient	ils	voient

EXERCICES

503 **Conjugue au présent de l'indicatif.**
remplir le verre — plier le mouchoir — essuyer la table — suivre le sentier — finir le plat — coudre l'écusson — secouer l'arbre — bourrer la valise.

504 **Écris la terminaison de ces verbes au présent de l'indicatif. Indique l'infinitif entre parenthèses.** *Exemple* : J'expédie (expédier).
J'établi… . — Tu cou… . — J'appui… . — Tu cour… . — Tu boi… . — Tu répon… . — J'oubli… . — Il grandi… . — On copi… . — Elle réfléch… .

505 **Écris les verbes au présent de l'indicatif ; indique l'infinitif entre parenthèses.**
Le serveur secou… la bouteille avant de l'ouvrir. — Tu cou… un bouton. — J'essui… le pare-brise. — Tu condui… la voiture. — Le journaliste par… en reportage. — Le printemps par… la campagne de fleurs et de verdure. — Le chien aboi… — L'enfant boi… un verre de soda.

506 Vocabulaire à retenir
oublier — plier — expédier — remplir — grandir — partir — conduire

L'imparfait de l'indicatif des verbes être et avoir

J'**étais** à la plage et j'**avais** chaud.

RÈGLE

À l'imparfait, les verbes **être** et **avoir** ont les mêmes terminaisons que les autres verbes (**-ais, -ais, -ait, -ions, -iez, -aient**) : j'étais, j'avais.

être	j'	étais	nous	étions	avoir	j'	avais	nous	avions
	tu	étais	vous	étiez		tu	avais	vous	aviez
	elle	était	ils	étaient		il	avait	elles	avaient

EXERCICES

507 **Conjugue à l'imparfait de l'indicatif.**

être au lit et avoir chaud
avoir un chien et être à la chasse

être au soleil et avoir soif
avoir de la chance et être heureux

508 **Complète par le verbe** être **ou par le verbe** avoir **à l'imparfait de l'indicatif.**

J' ... à la fête et j' ... de l'argent dans ma poche. — Tu ... chez toi et tu ... du travail. — Il ... en retard mais il ... une bonne excuse. — Nous ... en colère et nous ... tort. — Ils ... sur la falaise et ils ... le vertige. — Vous ... une belle écriture ; elle est très régulière.

509 **Complète par le verbe** être **ou par le verbe** avoir **à l'imparfait de l'indicatif.**

Les téléviseurs ... une télécommande. — Tu ... un potager plein de légumes. — Ils ... dans de beaux draps ! — J' ... à la cave et je n' ... pas peur. — Quand j' ... cinq ans, j' ... à l'école maternelle. — Le spectateur ... une bonne place. — Vous ... les yeux encore gonflés de sommeil.

510 **Écris les verbes à l'imparfait de l'indicatif.**

Nous sommes loin de la maison et nous avons envie de rentrer. — Tu es de bonne humeur parce que tu as d'excellentes notes. — Elle est chez son amie, la fille du pâtissier. — Les poids lourds sont en panne. — Tu as un rhume tenace. — Je suis près du hublot. — Nous avons une faim de loup.

511 Vocabulaire à retenir

la commande, commander, le commandant, le commandement
le drap, le drapeau, la draperie, se draper

75e leçon

L'imparfait de l'indicatif des verbes en -er (1er groupe)

Hier soir, je regardais la lune et j'écoutais les grillons.

RÈGLE

À l'imparfait, tous les verbes du 1er groupe ont les mêmes terminaisons
(-**ais**, -**ais**, -**ait**, -**ions**, -**iez**, -**aient**) : je regard**ais**, j'écout**ais**.

regarder	je regardais	nous regardions
	tu regardais	vous regardiez
	il regardait	elles regardaient

Verbes du 1er groupe					
aiguiser	commander	embrasser	ignorer	quitter	savourer
avaler	danser	examiner	mériter	retourner	trembler

EXERCICES

512 **Conjugue à l'imparfait de l'indicatif.**
aiguiser le couteau — écouter les conseils — grimper à l'arbre — garer la
voiture — presser une orange — glisser et déraper sur le verglas.

513 **Écris les verbes entre parenthèses à l'imparfait de l'indicatif.**
Je (ramer) avec force. — Tu (décider) de sortir. — Il (emballer) des caisses.
— La chaleur (accabler) les coureurs du Tour de France. — Nous (aller) au
parc d'attractions. — Vous (montrer) les cartes de votre livre de géographie.

514 **Écris les verbes entre parenthèses à l'imparfait de l'indicatif.**
Le livreur (empiler) des cageots. — Tu (éplucher) des oignons et tu
(pleurer). — Je (calculer) rapidement le coût de mes achats. — Vous
(habiter) la banlieue parisienne. — Les joueurs (écouter) attentivement les
recommandations de l'entraîneur. — Vous (entasser) les vieux objets.

515 **Écris les verbes entre parenthèses à l'imparfait de l'indicatif.**
L'arbitre (séparer) les boxeurs. — De gros engins (creuser) la tranchée pour
y installer un câble électrique. — Avec les animateurs du centre de
vacances, nous (organiser) de grands jeux. — Je (collectionner) les
vignettes que le pompiste (donner) à ma mère.

516 **Vocabulaire à retenir**

la tranchée — le câble, câbler — le coût, coûter — la boxe, boxer

L'imparfait de l'indicatif des verbes en -ier et en -yer

Vous man**i**iez habilement les outils que vous emplo**y**iez.

RÈGLES

À la 1re et à la 2e personne du pluriel de l'imparfait de l'indicatif,

1. les verbes en **-ier** s'écrivent avec deux **i**, un pour le radical, un pour la terminaison : vous man**i**iez.

2. les verbes en **-yer** s'écrivent avec un **y** suivi d'un **i**, le **y** du radical et le **i** de la terminaison : vous emplo**y**iez.

manier		employer	
je maniais	nous maniions	j' employais	nous employions
tu maniais	vous maniiez	tu employais	vous employiez
elle maniait	ils maniaient	il employait	elles employaient

Verbes en -ier		Verbes en -yer		
étudier	parier	balayer	employer	essayer
manier	remercier	broyer	ennuyer	nettoyer
oublier	crier	effrayer	envoyer	payer

EXERCICES

517 Conjugue à l'imparfait de l'indicatif.

plier le matériel   copier des mots   balayer devant sa porte
essuyer une défaite   manier l'humour   tutoyer n'importe qui

518 Écris les verbes entre parenthèses à l'imparfait de l'indicatif.
Les lions (broyer) les os des gazelles. — Le gardien de but (renvoyer) le ballon vers le centre du terrain. — En voulant nous inscrire au club de lutte, nous (effrayer) nos parents. — Marius (employer) du savon de Marseille pour faire sa lessive. — Nous (colorier) le croquis.

519 Écris les verbes entre parenthèses à l'imparfait de l'indicatif.
En ouvrant la boîte aux lettres, tu (trier) les prospectus et tu les (poser) dans la corbeille à papier sans les lire. — Vous (crier) à tue-tête. — Au loin, l'incendie (flamboyer) encore à la tombée de la nuit.

520 Vocabulaire à retenir

le lac — le déclic — le pic — la corbeille — la veille — la bouteille

L'imparfait de l'indicatif des verbes en -eler et en -eter

Il projetait de partir en Inde et appelait l'agence de voyages.

RÈGLE

À l'imparfait, les verbes en **-eler** et en **-eter** n'ont qu'un **l** ou qu'un **t** parce qu'il n'y a jamais de **e** muet après le **l** et le **t** :
je projetais, nous projetions   j'appelais, nous appelions

projeter		appeler	
je projetais	nous projetions	j' appelais	nous appelions
tu projetais	vous projetiez	tu appelais	vous appeliez
elle projetait	ils projetaient	il appelait	elles appelaient

Verbes en -eler				Verbes en -eter	
atteler	dételer	ficeler	ressemeler	empaqueter	projeter
chanceler	épeler	niveler	ruisseler	feuilleter	rejeter

EXERCICES

521 Conjugue à l'imparfait de l'indicatif.
épeler un mot — s'atteler à un travail — projeter une cassette.

522 Écris les verbes entre parenthèses à l'imparfait de l'indicatif.
Autrefois, l'Iran s'(appeler) la Perse. — Monsieur Questa (carreler) sa salle de bain lui-même. — Dans les usines où l'on (fabriquer) des cahiers et des stylos, les ouvriers (empaqueter) ces objets à la main. — Le cuisinier (découper) une pizza aux olives.

523 Écris les verbes entre parenthèses au présent puis à l'imparfait de l'indicatif. *Exemple* : J'appelle les secours. J'appelais les secours.
Tu (modeler) une petite statue en argile. — La mer (rejeter) une multitude de débris. — Sous la pluie, la verrière (ruisseler) comme un visage plein de larmes. — Les musiciens (ensorceler) le public tant le concert (être) réussi.

524 Écris trois phrases dans lesquelles tu emploieras au moins un verbe en -eler ou en -eter, à l'imparfait de l'indicatif.

525 Vocabulaire à retenir
la statue — la rue — la vue — le débris, les débris — le secours

L'imparfait et le présent de l'indicatif des verbes en -cer

Nous effaçons le tableau. Ils effaçaient le tableau.

RÈGLE

Les verbes en **-cer** prennent une cédille sous le **c** devant **a** et **o** pour conserver à la lettre **c** le son [s] : nous avançons, ils avançaient.

présent		imparfait	
j' avance	nous avançons	j' avançais	nous avancions
tu avances	vous avancez	tu avançais	vous avanciez
elle avance	ils avancent	il avançait	elles avançaient

Verbes en -cer					
annoncer	commencer	distancer	forcer	lancer	prononcer
bercer	devancer	enlacer	lacer	pincer	tracer

EXERCICES

526 Conjugue au présent et à l'imparfait de l'indicatif.
déplacer une chaise — rincer les verres — bercer un enfant — enfoncer un clou.

527 Écris les verbes entre parenthèses au présent, puis à l'imparfait de l'indicatif.
Tu (tracer) un cercle avec un compas. — Je (lancer) une idée amusante : installer des distributeurs de yaourts dans toutes les écoles. — L'arbitre (siffler), la partie (commencer). — Vous (balancer) les bras en marchant. — La file de voitures (avancer) lentement. — Les clowns (grimacer) pour faire rire les enfants. — Les prévisions météorologiques (être) mauvaises. — Nous (placer) les nouveaux livres sur les rayons de la bibliothèque.

528 Écris les verbes entre parenthèses à l'imparfait de l'indicatif, puis écris la personne correspondante du pluriel.
J'(annoncer) mon succès à mes parents. — Avant de pêcher, tu (amorcer) en jetant des boulettes de maïs dans l'eau. — Sur la ligne d'arrivée, je (devancer) mes adversaires. — Tu (prononcer) bien le nom du chanteur américain. — Il y a cent ans, la voiture automobile (concurrencer) la voiture à cheval pour le transport des citadins.

529 Vocabulaire à retenir
le maïs — naïf — la mosaïque — le repas — le lilas — le compas

79e leçon

L'imparfait et le présent de l'indicatif des verbes en -ger

Nous mang**e**ons en prenant notre temps.
Il mang**e**ait en prenant son temps.

RÈGLE

Les verbes en **-ger** prennent un **e** muet après le **g** devant **a** et **o**, pour conserver à la lettre **g** le son [ʒ] : nous mang**e**ons, il mang**e**ait.

Remarque : les verbes qui se terminent par le son [ɑ̃ʒe] s'écrivent avec **an**, sauf **venger**.

présent			imparfait		
je	mange	nous mangeons	je	mangeais	nous mangions
tu	manges	vous mangez	tu	mangeais	vous mangiez
elle	mange	ils mangent	il	mangeait	elles mangeaient

Verbes en [ɑ̃ʒe]			Verbes en [ʒe]			
arranger	déranger	ranger	avantager	encourager	loger	obliger
changer	mélanger	venger	corriger	forger	négliger	plonger

EXERCICES

530 Conjugue au présent et à l'imparfait de l'indicatif.
voyager à pied — changer les piles — corriger un exercice.

531 Écris les verbes entre parenthèses à l'imparfait de l'indicatif.
Quand tu (être) en Afrique, tu (manger) des mangues. — Le vent (endommager) les toitures. — Nous (ranger) nos skis. — Les platanes (ombrager) les routes nationales. — Autrefois, la variole (ravager) de nombreux pays.

532 Écris les verbes entre parenthèses au présent et à l'imparfait de l'indicatif.
J'(encourager) mon équipe favorite. — Sa grande taille (avantager) Christophe lorsqu'il (jouer) au basket. — Tu ne (négliger) jamais d'écrire à ta grand-mère pour le nouvel an. — Sans boussole, les marins (se diriger) en observant les étoiles. — En colonie, nous (loger) sous la tente.

533 Vocabulaire à retenir
la boussole — la rougeole — endommager, le dommage

L'imparfait de l'indicatif des verbes en -ir (2e groupe)

Je **remplissais** un questionnaire avec soin.

RÈGLE

À l'imparfait tous les verbes du 2e groupe ont les mêmes terminaisons (**-ais, -ais, -ait, -ions, -iez, -aient**) : je rempliss**ais**, je grandiss**ais**.

Remarques :

1. Ces terminaisons sont les mêmes pour tous les groupes.
2. Pour les verbes du 2e groupe, on place **iss-** entre le radical et la terminaison, à toutes les personnes.

remplir	je	**rempliss**ais	nous	**rempliss**ions
	tu	**rempliss**ais	vous	**rempliss**iez
	elle	**rempliss**ait	ils	**rempliss**aient

Verbes du 2e groupe					
agir	fournir	grandir	guérir	obéir	réussir
emplir	garnir	gravir	noircir	pâlir	rougir
finir	gémir	grossir	nourrir	réfléchir	subir

EXERCICES

534 **Conjugue à l'imparfait de l'indicatif.**
bâtir un mur — choisir une direction — réunir ses amis — franchir un obstacle — épaissir la sauce — élargir le passage — entamer et finir le fromage — nourrir et caresser son chat — passer et réussir son permis.

535 **Écris ces verbes aux trois personnes du pluriel du présent et de l'imparfait de l'indicatif.**
obéir — bondir — grandir — rougir — grossir — maigrir.

536 **Écris les verbes entre parenthèses à l'imparfait de l'indicatif.**
Je (réfléchir) au choix de mon futur métier. — Tu (se dégourdir) les jambes. — La fumée (obscurcir) l'horizon. — Vous (gravir) la tour Montparnasse en prenant l'escalier : quel courage ! — Les touristes (envahir) les plages de la Méditerranée. — Avec la chaleur, les fruits (pourrir) dans les cageots. — Les hommes préhistoriques (se nourrir) de chasse et de pêche.

537 **Écris trois phrases dans lesquelles tu emploieras un verbe du 2e groupe à l'imparfait de l'indicatif.**

L'imparfait de l'indicatif des verbes du 3e groupe

Je répondais au téléphone et j'écrivais à mes amis

RÈGLES

1. À l'imparfait, les verbes du 3e groupe ont tous les mêmes terminaisons (-ais, -ais, -ait, -ions, -iez, -aient) :
je répondais, j'écrivais.

2. Certains verbes du 3e groupe ont un radical particulier pour l'imparfait.

faire		pouvoir		aller		venir	
je	faisais	je	pouvais	j'	allais	je	venais
tu	faisais	tu	pouvais	tu	allais	tu	venais
il	faisait	elle	pouvait	il	allait	elle	venait
nous	faisions	nous	pouvions	nous	allions	nous	venions
vous	faisiez	vous	pouviez	vous	alliez	vous	veniez
elles	faisaient	ils	pouvaient	elles	allaient	ils	venaient

voir		prendre		vouloir		dire	
je	voyais	je	prenais	je	voulais	je	disais
tu	voyais	tu	prenais	tu	voulais	tu	disais
elle	voyait	il	prenait	elle	voulait	il	disait
nous	voyions	nous	prenions	nous	voulions	nous	disions
vous	voyiez	vous	preniez	vous	vouliez	vous	disiez
ils	voyaient	elles	prenaient	ils	voulaient	elles	disaient

conduire		mettre		paraître		écrire	
je	conduisais	je	mettais	je	paraissais	j'	écrivais
tu	conduisais	tu	mettais	tu	paraissais	tu	écrivais
il	conduisait	elle	mettait	il	paraissait	elle	écrivait
nous	conduisions	nous	mettions	nous	paraissions	nous	écrivions
vous	conduisiez	vous	mettiez	vous	paraissiez	vous	écriviez
elles	conduisaient	ils	mettaient	elles	paraissaient	ils	écrivaient

EXERCICES

538 Conjugue à l'imparfait de l'indicatif.
tendre la main — perdre du temps — refaire son lit — décrire un paysage — revoir son pays — mettre un bonnet — apparaître à la fenêtre.

539 Conjugue à l'imparfait de l'indicatif.
fléchir le corps et tendre les bras — voir le danger et l'éviter.

540 Conjugue à l'imparfait de l'indicatif.
se suspendre — sortir — courir — se mettre à l'abri — faire.

541 Écris les verbes entre parenthèses à l'imparfait de l'indicatif.
Je (fendre) la foule pour rejoindre mes parents. — Tu (soutenir) ton point
de vue. — L'ouvrier (étendre) la moquette, il la (couper) et la (coller). —
La quiche lorraine (cuire) dans le four. — Nous (faire) des achats. —
J'(apprendre) à jouer aux cartes. — Les moines copistes (écrire) à la plume
d'oie. — Christophe Colomb (partir) pour les Indes ; mais il (aller) décou-
vrir l'Amérique. — Le matin, avant d'avoir goûté à ces céréales, tu ne
(prendre) qu'un bol de lait.

542 Écris les verbes entre parenthèses à l'imparfait de l'indicatif.
Tu (obtenir) des renseignements. — Nous (rendre) service à vos voisins. —
Vous (voir) les ennuis arriver. — Tu me (permettre) d'enregistrer le feuille-
ton que je (vouloir) regarder le lendemain. — Le pompier (détruire) les nids
de guêpes. — Ils (pouvoir) observer les chamois à l'œil nu.

543 Écris les verbes entre parenthèses au présent, puis à l'imparfait
de l'indicatif.
Notre classe (correspondre) avec une école de Vendée. — Tu (prendre) des
vacances et tu (se détendre). — Je ne (reconnaître) jamais ces jumeaux. —
Les voyageurs (sortir) de la gare. — Vous (tondre) le gazon. — Le serveur
maladroit (répandre) de la sauce sur la robe de madame Leroy. — Autrefois
les poules (pondre) dans les buissons ; ce n'est plus le cas aujourd'hui.

544 Écris les verbes entre parenthèses à l'imparfait de l'indicatif.
Notre départ (dépendre) de la date des vacances de ma mère. — Madame
Wolf (connaître) toutes les ruelles de Colmar. — Lorsque vous (venir) chez
nous, vous (apporter) des jeux. — Les mamans (attendre) la sortie des
enfants de l'école maternelle.

545 Écris les verbes entre parenthèses à l'imparfait de l'indicatif.
Tu (vouloir) brancher ta chaîne pour écouter tes disques préférés. — Des
lustres (pendre) dans les galeries de ce château. — Quand papa (faire) la
grosse voix, il (amuser) toute la famille. — Les couvreurs (refaire) le toit de
l'immeuble. — Vous (prétendre) rester une minute sous l'eau sans respirer.

546 Emploie chacun de ces verbes, à l'imparfait de l'indicatif,
dans une courte phrase.
aller — faire — prendre — venir — voir.

547 Écris un petit texte dans lequel tu emploieras des verbes
du 3ᵉ groupe à l'imparfait de l'indicatif.

548 Vocabulaire à retenir
les jumeaux, les jumelles — barrer, le barreau, la barre, la barrière

Le passé simple du verbe être

Louis XIV fut un grand roi.

RÈGLES

1. Le passé simple est surtout employé lorsque l'on écrit.

2. Les 1re et 2e personnes du pluriel ne sont plus guère utilisées.

être	je	fus	nous	fûmes
	tu	fus	vous	fûtes
	elle	fut	ils	furent

3. Quand un adjectif qualificatif est employé avec le verbe **être**, il s'accorde toujours avec le sujet : elle **fut** gentille, ils **furent** gentils.

EXERCICES

549 **Conjugue au passé simple.**
être en équilibre — être en difficulté — être à l'écoute — être en colère.

550 **Complète par le verbe** être **au passé simple.**
Je ... en bonne santé pendant tout l'hiver. — Tu ... en avance de quelques minutes. — La voiture ... en panne toute la journée. — Nous ... sur le point de partir. — Vous ... en retard et le moniteur ... inquiet. — Les éboueurs ... au travail dès l'aube. — Cet appareil électrique ... hors d'usage en peu de temps. — Il ... immédiatement d'accord pour venir avec nous.

551 **Écris le verbe** être **au passé simple et accorde l'adjectif qualificatif ou le participe passé adjectif.**
Tu (être présent) dès le début du projet. — Les barques (être jeté) à la mer pour nous permettre de rejoindre la côte. — Nous (être distrait) par la publicité. — Je (être inscrit) d'office au tournoi de tennis de table.

552 **Écris le verbe** être **au passé simple et accorde l'adjectif qualificatif ou le participe passé adjectif.**
Nous (être retardé) par une manifestation imprévue. — Les chemises (être repassé) en une heure. — Ce jour-là, je (être chanceux) : j'avais cinq bons numéros. — Tu (être admis) au cours préparatoire à six ans.

553 **Écris un petit texte avec le verbe** être **au passé simple.**

554 **Vocabulaire à retenir**
le tournoi — le roi — un convoi — le progrès — le congrès — le succès

Le passé simple du verbe avoir

Le pilote eut beaucoup de chance.

RÈGLES

1. Le passé simple est surtout employé lorsque l'on écrit.
2. Les 1ʳᵉ et 2ᵉ personnes du pluriel ne sont plus guère utilisées.

avoir	j'	eus	nous	eûmes
	tu	eus	vous	eûtes
	elle	eut	ils	eurent

EXERCICES

555 Conjugue au passé simple.
avoir du remords — avoir de l'appétit — avoir confiance — avoir du courage — avoir de la fièvre — avoir raison — avoir de la chance.

556 Complète par le verbe avoir au passé simple.
J'... à peine le temps de voir passer l'étoile filante. — Il ... tout le temps de réfléchir. — Le pilote ... une nouvelle voiture pour s'entraîner. — Nous ... des difficultés pour nous déplacer sur le verglas. — Pour Noël, ils ... une paire de rollers. — Tu ... la force de porter cet énorme colis. — Elles ... le plaisir de visiter la grotte de Lascaux.

557 Complète par le verbe avoir au passé simple.
Nous ... un bracelet en argent. — Les avions ... un décollage difficile. — J'... la chance d'aller à Cuba. — Le train n'... aucun retard. — Vous ... raison de persévérer. — Tu ... trois enfants. — Armelle ... un élan de joie en voyant Gwénaelle arriver.

558 Complète par le verbe avoir au passé simple.
Les équipes gagnantes ... une récompense. — Tu ... de bons compagnons de voyage. — Il ... sept ans le jour de Pâques. — Vous ... un bon professeur de piano. — J'... le temps de me glisser dans la benne du téléphérique. — Nous ... peur de vous déranger en faisant un peu de bruit. — Elle ... envie d'acheter un bouquet de fleurs pour l'anniversaire de sa maman.

559 Écris trois phrases dans lesquelles tu emploieras le verbe avoir au passé simple.

660 Vocabulaire à retenir
le rugby — le football — le basket — le téléphérique (ou le téléférique)

Le passé simple des verbes en -er (1er groupe)

Ils préparèrent des plats délicieux
que nous mangeâmes de bon appétit.

RÈGLE

Au passé simple, tous les verbes en -er prennent les mêmes terminaisons
(-ai, -as, -a, -âmes, -âtes, -èrent) : ils prépar**èrent**, nous mange**âmes**.

Remarque : Les 1re et 2e personnes du pluriel ne sont plus guère utilisées.

chanter		jeter		effacer		ranger	
je	chantai	je	jetai	j'	effaçai	je	rangeai
tu	chantas	tu	jetas	tu	effaças	tu	rangeas
elle	chanta	il	jeta	elle	effaça	il	rangea
nous	chantâmes	nous	jetâmes	nous	effaçâmes	nous	rangeâmes
vous	chantâtes	vous	jetâtes	vous	effaçâtes	vous	rangeâtes
ils	chantèrent	elles	jetèrent	ils	effacèrent	elles	rangèrent

en -cer	en -ger	en -ier	en -yer
balancer	échanger	copier	broyer
bercer	manger	crier	essuyer
pincer	voyager	manier	essayer

EXERCICES

561 **Conjugue au passé simple.**
gagner la partie — payer la facture — terminer à temps — saler la soupe —
rester sans voix — avaler une frite — dépenser de l'argent — étudier une
solution — reculer devant l'obstacle.

562 **Écris ces verbes à la 3e personne du singulier et du pluriel de
l'imparfait de l'indicatif puis du passé simple.**
Exemple : Il rentrait tard. Il rentra tard. Ils rentraient tard. Ils rentrèrent tard.

passer son tour	sauter la barrière	frapper au carreau
tourner autour du pot	racler le parquet	grimper au sommet

563 **Écris ces verbes à la 2e personne du singulier du présent
et de l'imparfait de l'indicatif, puis du passé simple.**
Exemple : Tu traces des traits. Tu traçais des traits. Tu traças des traits.

appeler la mairie	projeter un film	rincer la bouteille
essayer un vêtement	renouveler la demande	envoyer un chèque

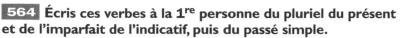

564 **Écris ces verbes à la 1re personne du pluriel du présent et de l'imparfait de l'indicatif, puis du passé simple.**
Exemple : Nous traçons des traits. Nous tracions des traits. Nous traçâmes des traits.

changer de place	diriger la manœuvre	commencer la partie
grincer des dents	remplacer un joueur	allonger la jambe
couper le pain	enfoncer un clou	planter un arbre

565 **Écris les verbes au passé simple.**
Je salue votre victoire. — Tu oublies ton parapluie. — Il ferme la porte à clé. — Pauline avoue son erreur. — Il bouche le flacon. — Les feuilles se détachent et volent dans l'air léger. — Ils creusent une tranchée à la pioche.

566 **Écris les verbes entre parenthèses au passé simple.**
Ils (changer) de rame à la station Trocadéro. — Les trains (siffler) dans la nuit. — Tu (placer) le vase chinois sur la cheminée. — Il (partager) son goûter. — Le chien (nager) à vive allure vers la rive. — Le bijoutier (percer) les oreilles de la fillette. — Les habitants (organiser) une cérémonie pour accueillir le champion.

567 **Écris les verbes entre parenthèses au présent et à l'imparfait de l'indicatif puis au passé simple.**
Exemple : J'essuie la table. J'essuyais la table. J'essuyai la table.
Le joueur (lancer) le cochonnet. — Il (longer) le canal. — Les enfants (tracer) des ronds sur le sable. — Tu (détailler) la liste de tes achats. — Je (couper) une tranche de pain. — Ils (manger) une escalope panée.

568 **Écris les verbes entre parenthèses au présent et à l'imparfait de l'indicatif puis au passé simple.**
Des engins (niveler) le terrain. — Le froid (geler) la buée des vitres. — Elles (appuyer) leur front sur le miroir. — Tu (se précipiter) aux nouvelles.

569 **Écris les mots en bleu au pluriel et accorde.**
La poule gratta la terre. — La lampe éclaira la pièce. — Le lapin rongea les carottes. — Le cyclone ravagea les plantations. — Le feu changea de couleur, la voiture démarra. — L'astronaute répara la navette spatiale.

570 **Emploie, dans une courte phrase, chacun de ces verbes à la 3e personne du singulier ou du pluriel au passé simple.**
garder — sautiller — mesurer — secouer — dessiner.

571 Vocabulaire à retenir
la buée — l'idée — la gelée
le pot, la poterie — l'argent, l'argenterie — la dent, le dentiste

Le passé simple des verbes en -ir (2e groupe) et des verbes en -dre (3e groupe)

Je remplis le formulaire puis j'attendis une réponse.

RÈGLE

Au passé simple, tous les verbes du 2e groupe et presque tous les verbes en **-dre** prennent les mêmes terminaisons (-is, -is, -it, -îmes, -îtes, -irent) : je remplis, j'attendis.

remplir		attendre	
je remplis	nous remplîmes	j' attendis	nous attendîmes
tu remplis	vous remplîtes	tu attendis	vous attendîtes
elle remplit	ils remplirent	il attendit	elles attendirent

Verbes en -ir (2e groupe)			Verbes en -dre (3e groupe)		
agir	guérir	réussir	défendre	mordre	tendre
bondir	maigrir	saisir	descendre	perdre	tondre
grandir	obéir	salir	fendre	répondre	tordre

EXERCICES

572 Conjugue au passé simple.

réfléchir un moment	finir son travail	choisir un métier
obéir rapidement	fournir un effort	avertir le maître
fendre des bûches	perdre des billets	répondre poliment
entendre du bruit	rendre la monnaie	tondre la pelouse

573 Conjugue les verbes de l'exercice précédent à l'imparfait de l'indicatif.

574 Écris ces verbes aux trois personnes du singulier de l'imparfait de l'indicatif, puis du passé simple.
rougir — grossir — pâlir — maigrir — guérir — frémir — finir.

575 Écris ces verbes à la 3e personne du singulier et du pluriel du présent de l'indicatif, puis du passé simple.

réussir un examen	accomplir un exploit	s'évanouir de bonheur
réunir ses amis	vernir les chaises	nourrir son hamster
réagir sur le champ	travestir la vérité	saisir sa chance
infléchir sa position	unir ses efforts	franchir le gué

576 Écris ces verbes à la 3ᵉ personne du singulier
du présent et de l'imparfait de l'indicatif, puis du passé simple.

descendre d'un étage   se tordre la cheville   apprendre à compter
attendre une éclaircie   perdre son adresse   confondre les couleurs

577 Écris les verbes entre parenthèses au passé simple.

Je (remplir) ma casquette de noisettes. — Tu (gravir) la colline à l'aide du
funiculaire. — La sirène (retentir) dans la caserne des pompiers. — Ils
(réussir) à décoller le papier peint. — Il (salir) votre tee-shirt. — Les mauvaises herbes (envahir) la pelouse. — Le magicien (divertir) les spectateurs.
— Les flots (engloutir) le petit canot, heureusement vide !

578 Écris les verbes entre parenthèses au passé simple.

Tu (garnir) le réfrigérateur. — À la vue du monstre, ils (pâlir) de frayeur. —
Les élèves (réfléchir) avant d'écrire. — Tu (pétrir) la pâte. — Il (finir) son
travail et il (ranger) ses outils. — J'(aplatir) le clou. — L'avion Pékin-Paris
(atterrir) à Roissy à l'heure prévue.

579 Écris les verbes à l'imparfait de l'indicatif, puis au passé simple.

Tu répartis les cartes en trois tas. — Il choisit des photos. — La lumière
jaillit des phares de l'automobile. — Vous applaudissez le chanteur. — Des
nuages assombrissent le ciel. — Le marbrier polit le granit. — Tu démolis
le vieux mur. — Les conjurés ourdissent un complot.

580 Écris les verbes entre parenthèses au passé simple.

Tu (répondre) aux questions. — Les voisins (vendre) leur maison un bon
prix. — Il n'(entendre) pas la sonnerie du téléphone. — Je (suspendre) mon
imperméable mouillé sous le préau. — Les rafales de vent (tordre) les
branches. — Ils (se rendre) pour la première fois à la patinoire.

581 Écris les verbes entre parenthèses au présent,
à l'imparfait de l'indicatif et au passé simple.

Tu (tendre) ton billet à l'entrée. — Madame Guillot (vendre) une voiture à
mon père. — Le gendarme (surprendre) le voleur. — Les voyageurs
(attendre) l'autobus. — Ils (perdre) du temps en voulant emprunter ce passage. — Il (tendre) une corde entre les deux piquets.

582 Emploie dans un petit récit ces verbes à la 3ᵉ personne
du pluriel du passé simple.

perdre — attendre — répondre — défendre — entendre.

583 Vocabulaire à retenir

la sonnerie, sonner, la sonnette, sonore — le réfrigérateur
le congélateur — le radiateur — l'ordinateur — l'aspirateur

Le passé simple de quelques verbes particuliers du 3ᵉ groupe

Il parcourut du regard la liste. Il vit qu'il avait gagné.
Il nous prévint aussitôt.

RÈGLES

1. Au passé simple, se conjuguent comme **courir** (avec un **u** dans les terminaisons) : **mourir, recevoir, connaître, savoir, devoir, lire**… :
   il parcourut, je reçus, ils coururent.

2. Au passé simple, se conjuguent comme **voir** (avec un **i** dans les terminaisons) : **sortir, dormir, suivre, faire**…
   il vit, je sortis, tu dormis, elles suivirent.

3. Au passé simple, se conjuguent comme **venir** (avec **in** dans les terminaisons) : **tenir, retenir, soutenir, revenir, prévenir**… :
   il prévint, je tins, elle se retint, ils revinrent.

faire	pouvoir	aller	venir
je fis	je pus	j' allai	je vins
tu fis	tu pus	tu allas	tu vins
il fit	elle put	il alla	elle vint
nous fîmes	nous pûmes	nous allâmes	nous vînmes
vous fîtes	vous pûtes	vous allâtes	vous vîntes
ils firent	ils purent	elles allèrent	ils vinrent

voir	prendre	conduire	sortir
je vis	je pris	je conduisis	je sortis
tu vis	tu pris	tu conduisis	tu sortis
il vit	elle prit	il conduisit	elle sortit
nous vîmes	nous prîmes	nous conduisîmes	nous sortîmes
vous vîtes	vous prîtes	vous conduisîtes	vous sortîtes
ils virent	ils prirent	elles conduisirent	ils sortirent

mettre	paraître	écrire	courir
je mis	je parus	j' écrivis	je courus
tu mis	tu parus	tu écrivis	tu courus
elle mit	il parut	elle écrivit	il courut
nous mîmes	nous parûmes	nous écrivîmes	nous courûmes
vous mîtes	vous parûtes	vous écrivîtes	vous courûtes
ils mirent	elles parurent	ils écrivirent	elles coururent

...
```

## EXERCICES

**584** Conjugue au passé simple.

| | | |
|---|---|---|
| sortir du bain | conduire calmement | refaire son travail |
| courir ventre à terre | apprendre à conduire | lire la notice |
| partir à l'aube | tenir ses promesses | faire des progrès |
| vivre à Rouen | boire de l'eau minérale | apercevoir une île |

**585** Écris les verbes entre parenthèses au passé simple.

Je (sentir) la fatigue. — Tu (servir) une omelette. — Il (sortir) de grand matin. — Le champion (battre) le record du monde. — Il (venir) à la rencontre de Samir, perdu au milieu du quartier. — Le conseil municipal (débattre) de l'organisation de la fête. — Lorsque tu (voir) mon blouson, tu (vouloir) immédiatement le même. — Le grand-père d'Audrey (connaître) l'époque des voitures à chevaux.

**586** Écris les verbes entre parenthèses au passé simple.

Le vent (rabattre) la fumée. — Tu (dormir) à poings fermés. — Ils (apprendre) une jolie chanson. — L'enfant (cueillir) une rose et l'(offrir) à sa mère. — Ils (écrire) une lettre. — Grâce à mon travail, je (faire) des progrès. — Les chevaux (se mettre) au galop. — Les bûcherons (abattre) le vieux chêne. — Je (croire) au Père Noël jusqu'à l'âge de cinq ans. — Mermoz, le grand aviateur, (disparaître) dans l'océan Atlantique.

**587** Écris les verbes entre parenthèses au passé simple.

Après votre passage, nous (remettre) tous les objets en place. — Comme sa voiture était en panne, monsieur Demars (devoir) prendre l'autobus. — La marquise (prendre) son thé à cinq heures. — Il (sortir) du port à faible vitesse. — Je (conduire) lentement pour ne pas avoir d'accident.

**588** Emploie, dans une courte phrase, chacun de ces verbes à la 3ᵉ personne du singulier du passé simple.

battre — faire — voir — mettre — suivre — sortir.

**589** Emploie, dans une courte phrase, chacun de ces verbes à la 3ᵉ personne du pluriel du passé simple.

battre — faire — voir — mettre — suivre — sortir.

**590** Emploie dans un petit texte des verbes de la leçon au passé simple.

**591** Vocabulaire à retenir

le quartier, le quart, quarante, quatre, le quadrillage
le car — le cadran — le cadeau — le cadre
```

Le futur simple des verbes être et avoir

Pour Noël, j'**aurai** un cadeau et je **serai** content.

> **RÈGLE**
>
> Au futur, les verbes **être** et **avoir** ont les mêmes terminaisons
> que les autres verbes (-ai, -as, -a, -ons, -ez, -ont) : j'au**rai**, je se**rai**.
>
> **Remarque :** Quand un adjectif qualificatif est employé
> avec le verbe **être**, il s'accorde avec le sujet : Elles seront content**es**.

être	je serai	nous serons	avoir	j' aurai	nous aurons
	tu seras	vous serez		tu auras	vous aurez
	elle sera	ils seront		il aura	elles auront

EXERCICES

592 **Conjugue au futur simple.**
avoir une idée   être immobile   être attentif
avoir un doute   avoir la force de sauter   être allongé sur la plage

593 **Complète par** être **ou** avoir **au futur simple.**
Comme il a plu, la récolte … abondante. — Tu … une montre. — Tu …
au lit de bonne heure. — Après cette chute, j' … un bleu sur la cuisse. —
Le navigateur … bon vent. — À midi, nous … faim. — Nous … sur la place
à l'heure prévue. — Plus tard, vous … un métier intéressant et vous … heureux. — Les touristes … du beau temps et … satisfaits de leur séjour.

594 **Écris le verbe** être **au futur simple
et accorde les adjectifs qualificatifs.**
Je suis sûre que le repas (être appétissant). — Vous (être attentif) aux
conseils. — Vous (être content) de vous reposer au haut de la côte. — Les
jours (être long) en juillet. — Je (être fier) de gagner. — Cet après-midi, le
soleil (être brûlant). — Les travaux (être terminé) dans un mois. — Si tu
prends la calculatrice, le résultat (être exact).

595 **Écris un texte dans lequel tu emploieras les verbes** être
et avoir **au futur simple.**

596 Vocabulaire à retenir
la force — l'écorce — l'appétit, appétissant — l'apéritif (un seul **p**)

Le futur simple des verbes en -er (1er groupe)

Demain, je **regarder**ai les photos et j'**écouter**ai la radio.

RÈGLES

1. Au futur simple, tous les verbes prennent les mêmes terminaisons (-**ai**, -**as**, -**a**, -**ons**, -**ez**, -**ont**), toujours précédées de la lettre **r** : je regarder**ai**, j'écouter**ai**.

2. Au futur simple, les verbes du 1er groupe conservent généralement l'infinitif en entier : je **regarder-ai**, j'**écouter-ai**.

regarder	je	regarderai	nous	regarderons
	tu	regarderas	vous	regarderez
	elle	regardera	ils	regarderont

EXERCICES

597 Conjugue au futur simple.
aider ses parents — détacher la barque — déplacer le fauteuil.

598 Écris aux 1re et 3e personnes du pluriel du futur simple :
veiller — tomber — reculer — traîner — traverser — nager — marcher.

599 Écris les verbes entre parenthèses au futur simple.
Je (manger) du chocolat. — Tu (effacer) les taches de goudron. — L'orage (menacer), puis (passer). — Les escargots (ramper) dans l'herbe. — Vous (imaginer) une suite à l'histoire. — L'escadrille (raser) le sol.

600 Écris les verbes entre parenthèses au futur simple.
Ils (éplucher) des carottes. — Nous (monter) jusqu'au refuge. — Tu (respecter) le code de la route. — Vous (emprunter) le tunnel. — Les grands froids (glacer) les chemins. — Quand j'(avoir) dix-huit ans, je (voter).

601 Écris six phrases dans lesquelles tu emploieras chacun de ces verbes au futur simple.
rentrer — rincer — gagner — pousser — annoncer — garder.

602 Vocabulaire à retenir
une carotte — une biscotte — une roulotte — une marmotte
un escargot — un escalier — une escalade — une escalope

89ᵉ leçon

Le futur simple
des verbes en -ier, -ouer, -uer

Vous appréci**er**ez ce jeu lorsque vous y jou**er**ez.

RÈGLE

Pour bien écrire un verbe du 1ᵉʳ groupe au futur simple, il faut penser
à son infinitif : j'appréci**er**ai, je jou**er**ai prennent un **e** muet intercalé
à cause de l'infinitif : appréci**er**, jou**er**.

apprécier		jouer		continuer	
j'	apprécierai	je	jouerai	je	continuerai
tu	apprécieras	tu	joueras	tu	continueras
elle	appréciera	elle	jouera	il	continuera
nous	apprécierons	nous	jouerons	nous	continuerons
vous	apprécierez	vous	jouerez	vous	continuerez
ils	apprécieront	ils	joueront	elles	continueront

Verbes en -ier		Verbes en -ouer		Verbes en -uer	
confier	oublier	avouer	louer	attribuer	éternuer
copier	parier	clouer	trouer	continuer	habituer

EXERCICES

603 **Conjugue au futur simple.**
copier les adresses — remuer les lèvres — tuer les guêpes — plier bagages
— secouer la salade — distribuer les billets — balbutier une réponse —
skier sans bâtons — continuer le match — apprécier une pause.

604 **Écris les verbes entre parenthèses au futur simple.**
Je (louer) un VTT. — Tu (photocopier) un document. — Nous nous (habi-
tuer) à notre nouvelle école. — Bientôt, les moteurs ne (polluer) plus. —
Demain soir, nous (assister) à une représentation théâtrale.

605 **Écris les verbes entre parenthèses au passé simple
puis au futur simple.**
Tu (remercier) ton parrain. — Ils (lier) connaissance avec des touristes
étrangers. — Il (photographier) un beau paysage.

606 Vocabulaire à retenir
le bâton — l'aîné — la bûche — les dégâts
le médicament — le vêtement — le logement — le document

90ᵉ leçon

Le futur simple des verbes en -yer, -eler, -eter

Il nettoiera son tiroir et jettera les papiers inutiles.

RÈGLES

1. Au futur simple, les verbes en **-yer** changent le **y** en **i** : il nettoiera, j'appuierai.

2. Au futur simple, beaucoup de verbes en **-eler** et en **-eter** prennent deux **l** ou deux **t** : j'appellerai, je jetterai.

Attention : certains verbes ne doublent pas la consonne mais prennent un accent grave sur le e : j'achèterai ; il gèlera.

appuyer		appeler		jeter	
j'	appuierai	j'	appellerai	Je	jetterai
tu	appuieras	tu	appelleras	tu	jetteras
elle	appuiera	elle	appellera	il	jettera
nous	appuierons	nous	appellerons	nous	jetterons
vous	appuierez	vous	appellerez	vous	jetterez
elles	appuieront	ils	appelleront	elles	jetteront

en -yer	en -eler (ll)	en -eler (èl)	en -eter (tt)	en -eter (èt)
employer	chanceler	congeler	étiqueter	acheter
essuyer	morceler	harceler	projeter	crocheter
payer	ruisseler	peler	rejeter	haleter

EXERCICES

607 Conjugue au futur simple.

essayer un pantalon   congeler des crevettes   feuilleter l'annuaire

608 Écris les verbes entre parenthèses au futur simple.

J'(employer) la perceuse électrique. — Tu (appeler) ton camarade. — La mer (rejeter) des vieux pneus. — En prévision de l'hiver, on (amonceler) du sel au bord des autoroutes. — Je (déchiqueter) l'emballage en plastique avec mes dents. — Nous (essuyer) les vitres. — Vous (nettoyer) le four à micro-ondes. — Les casseroles de cuivre (étinceler). — Les admirateurs (harceler) le chanteur à la sortie du spectacle pour qu'il signe des autographes.

609 Vocabulaire à retenir

la prévision — la révision — la division — l'invasion — l'évasion

Conjugaison **129**

Le futur simple des verbes des 2e et 3e groupes

Je remplirai la fiche et j'attendrai une réponse.

RÈGLES

1. Au futur simple, les verbes du 2e groupe conservent l'infinitif en entier : je remplirai, nous remplirons.

2. Au futur simple, on supprime le **e** de l'infinitif des verbes en **-dre**, en **-ettre** et en **-ire**.

remplir	répondre	battre
je remplirai	je répondrai	je battrai
tu rempliras	tu répondras	tu battras
elle remplira	elle répondra	il battra
nous remplirons	nous répondrons	nous battrons
vous remplirez	vous répondrez	vous battrez
elles rempliront	ils répondront	elles battront

EXERCICES

610 **Conjugue au futur simple.**
gravir la colline — prendre l'avion — mettre le couvert — fleurir la table — cuire un gâteau.

611 **Écris les verbes à la 2e personne du singulier de l'imparfait de l'indicatif et du futur simple.**
grandir vite — bâtir une cabane — abattre la cloison — perdre son temps.

612 **Écris les verbes entre parenthèses au futur simple.**
Tu (introduire) la clé dans la serrure et tu (ouvrir) la porte. — Le vent (rabattre) la fumée. — Nous (entendre) bientôt les cloches de l'église. — Vous (construire) une maison avec vos briques. — Les braconniers (enfouir) les carcasses des éléphants dans la brousse. — Je (fournir) un effort. — Tu (lire) ce roman en quelques jours. — À la vue du radar, je suis sûre que monsieur Parizot (conduire) plus lentement.

613 **Écris six phrases avec ces verbes au futur simple.**
disparaître — partir — fournir — réussir — admettre — écrire.

614 Vocabulaire à retenir
la soupière, la rivière, la glacière — le braconnier, le vitrier, le pompier

Le futur simple de quelques verbes particuliers

faire		pouvoir		aller		venir	
je	ferai	je	pourrai	j'	irai	je	viendrai
tu	feras	tu	pourras	tu	iras	tu	viendras
il	fera	elle	pourra	il	ira	elle	viendra
nous	ferons	nous	pourrons	nous	irons	nous	viendrons
vous	ferez	vous	pourrez	vous	irez	vous	viendrez
elles	feront	ils	pourront	elles	iront	ils	viendront

voir		prendre		envoyer		courir	
je	verrai	je	prendrai	j'	enverrai	je	courrai
tu	verras	tu	prendras	tu	enverras	tu	courras
elle	verra	il	prendra	elle	enverra	il	courra
nous	verrons	nous	prendrons	nous	enverrons	nous	courrons
vous	verrez	vous	prendrez	vous	enverrez	vous	courrez
ils	verront	elles	prendront	ils	enverront	elles	courront

mourir		vouloir		cueillir		savoir	
je	mourrai	je	voudrai	je	cueillerai	je	saurai
tu	mourras	tu	voudras	tu	cueilleras	tu	sauras
il	mourra	elle	voudra	il	cueillera	elle	saura
nous	mourrons	nous	voudrons	nous	cueillerons	nous	saurons
vous	mourrez	vous	voudrez	vous	cueillerez	vous	saurez
elles	mourront	ils	voudront	elles	cueilleront	ils	sauront

EXERCICES

615 **Conjugue au futur simple.**

aller chez le coiffeur   recevoir du courrier   venir à l'heure
faire une bêtise   envoyer un colis   tenir sa droite

616 **Écris les verbes entre parenthèses au futur simple.**

Demain, j'(aller) au marché. — Tu (faire) un gâteau aux noix. — Dimanche, il (pouvoir) dormir longtemps. — Nous (voir) peut-être des dauphins. — Vous (venir) entendre chanter la chorale de l'école. — Tu peux partir, je ne te (retenir) pas. — Vous (cueillir) des jonquilles. — Nous (tenir) notre promesse. — Comme chaque année, les papillons (mourir) au début de l'automne. — Brice (savoir) nous trouver une place à l'ombre.

617 Vocabulaire à retenir

la chorale, chanter en chœur — la bête, une bêtise, une bestiole

Des verbes qui se ressemblent au futur

Ils ne regretteront pas leur après-midi au cirque
et ils n'attendront pas longtemps avant d'y retourner.

RÈGLE

Pour bien écrire un verbe au futur simple, il faut penser à son infinitif,
puis à la personne. Ainsi pour : je plierai, je regretterai, on intercalera
le e muet parce que l'on aura pensé à l'infinitif : plier et regretter.
Au contraire, je remplirai, je promettrai n'ont pas de e muet intercalé,
parce que ce ne sont pas des verbes du 1er groupe en -er.

plier		remplir		regretter		promettre	
je	plierai	je	remplirai	je	regretterai	je	promettrai
tu	plieras	tu	rempliras	tu	regretteras	tu	promettras
elle	pliera	il	remplira	elle	regrettera	il	promettra
nous	plierons	nous	remplirons	nous	regretterons	nous	promettrons
vous	plierez	vous	remplirez	vous	regretterez	vous	promettrez
ils	plieront	elles	rempliront	ils	regretteront	elles	promettront

EXERCICES

618 Conjugue au futur simple.

mordre dans la poire
boire de la tisane
reproduire un dessin
pétrir la farine

crier à tue-tête
nettoyer le vêtement
se lier d'amitié
border le malade

écrire à sa tante
essuyer la table
lire le journal
trier des échalotes

619 Écris les verbes entre parenthèses au futur simple.

J'(accomplir) trois tours de piste. — Je (déplier) le journal. — Nous
(guérir) rapidement de cette petite grippe. — Les torrents (charrier) des
troncs d'arbres. — Le chat (arrondir) son dos. — Vous (hésiter) à partir. —
Vous (mettre) la pellicule dans l'appareil-photo. — Les fleurs (renaître) au
printemps. — Vous (perdre) la partie de boules. — Vous (vider) la baignoire.
— Le touriste (convertir) ses dollars en francs. — J'(appuyer) ma demande
en fournissant un justificatif.

620 Vocabulaire à retenir

imprudent, l'imprudence — innocent, l'innocence — différent, la différence
ignorant, l'ignorance — confiant, la confiance — vaillant, la vaillance

Le passé composé de l'indicatif

En récréation, j'**ai** couru et je **suis** tombé.

RÈGLES

1. Le passé composé est formé du présent de l'auxiliaire (**avoir** ou **être**) et du participe passé du verbe conjugué :
J'ai couru (verbe **courir**) ; je suis tombé (verbe **tomber**).

2. Le participe passé est en -**é** pour les verbes du 1er groupe :
tomb**é**   est le participe passé du verbe   tomb**er.**

3. Le participe passé est en -**i** pour les verbes du 2e groupe et certains verbes du 3e groupe :
fin**i**   est le participe passé du verbe   fin**ir**
suiv**i**   est le participe passé du verbe   suiv**re**

4. Beaucoup de verbes du 3e groupe font leur participe passé en -**u** ou en -**it** :
attend**u** est le participe passé du verbe   attend**re**
s**u**   est le participe passé du verbe   sav**oir**
d**it**   est le participe passé du verbe   d**ire.**

5. Le participe passé employé avec **être** s'accorde en genre et en nombre avec le sujet du verbe : Elle est tomb**ée** ; ils sont tomb**és**.

6. Le participe passé employé avec **avoir** ne s'accorde jamais avec le sujet du verbe : Elle a cour**u** ; ils ont cour**u**.

7. Le participe passé du verbe **avoir** est **eu**, et celui du verbe **être** est **été**. Ces deux verbes se conjuguent avec **avoir** au passé composé.
J'ai **eu** de la chance. Il a **été** de bonne humeur toute la journée.

	courir			**tomber**	
j'	ai	couru	je	suis	tombé(e)
tu	as	couru	tu	es	tombé(e)
il	a	couru	elle	est	tombée
nous	avons	couru	nous	sommes	tombé(e)s
vous	avez	couru	vous	êtes	tombé(e)s
ils	ont	couru	elles	sont	tombées

Verbes conjugués avec avoir				**avec être**	
balayer	grandir	plier	saluer	aller	naître
fendre	obéir	réfléchir	secouer	arriver	partir
franchir	pâlir	rendre	tailler	entrer	revenir
gagner	perdre	répondre	tendre	mourir	venir

EXERCICES

621 Écris les participes passés des verbes de la liste de la page 133.

622 Conjugue au passé composé.

peler un fruit	avoir faim	entrer dans la ronde
saisir sa chance	être au régime	aller au bureau
partir en métro	siffler en travaillant	attendre la fin du film
arriver en autocar	apprendre l'anglais	naître en juin

623 Écris les verbes entre parenthèses au passé composé.

J'(oublier) mon parapluie dans le train. — Tu (envoyer) un cadeau à ton oncle. — Le soleil (resplendir) dans le ciel pur. — La neige (fondre). — Nous (servir) les brochettes. — Vous (gagner) du temps en prenant le raccourci. — Les maçons (consolider) le vieux mur. — Les enfants (étendre) du beurre sur leur tranche de pain.

624 Écris les verbes entre parenthèses au passé composé.

Madame Panay (héberger) des touristes danois. — Vous (frotter) l'allumette, une étincelle (jaillir). — Les oisillons (gazouiller) dans le nid. — Nous (vérifier) les résultats des opérations avec nos calculatrices. — Tu (réfléchir) avant d'agir : c'est bien. — J'(échanger) mes vieux livres contre des disques. — Martin (répandre) de l'engrais sur sa pelouse.

625 Écris les verbes entre parenthèses au passé composé.

La foudre (tomber) sur l'antenne. — Nous (tomber) sur les genoux. — Les enfants (tomber) dans la mare, heureusement peu profonde ! — Nous (nettoyer) les pots de peinture. — Heureusement, les avalanches n'(emporter) aucune victime. — Julie (partir) au marché, sans son porte-monnaie ! — Les pêcheurs (partir) à l'aube. — Nous (partir) avant votre arrivée.

626 Écris les verbes à la 1re personne, puis à la 3e personne du pluriel du passé composé.

manger des saucisses	chanter le refrain	maigrir de deux kilos
sauter à la corde	jouer à l'élastique	ranger ses chaussures
réussir un exercice	vivre en banlieue	enrouler le câble

627 Écris six phrases dans lesquelles tu emploieras chacun de ces verbes au passé composé.

étudier — crier — jouer — finir — rendre — aller.

628 Vocabulaire à retenir

la graisse, engraisser, l'engrais
l'élastique — le portique — la boutique — la critique — la politique

Le plus-que-parfait de l'indicatif

J'**avais** téléphoné mais elle **était** sortie.

RÈGLES

1. Le plus-que-parfait est formé de l'imparfait de l'auxiliaire (**avoir** ou **être**) et du participe passé du verbe conjugué :
J'avais téléphoné (verbe **téléphoner**) ;
j'étais sortie (verbe **sortir**).

2. Le participe passé employé avec **être** s'accorde en genre et en nombre avec le sujet du verbe : Elle était sortie ; ils étaient sortis.

3. Le participe passé employé avec **avoir** ne s'accorde jamais avec le sujet du verbe : Elle avait téléphoné ; nous avions téléphoné.

4. Être et avoir se conjuguent avec avoir au plus-que-parfait :
J'**avais eu** de la chance. Il **avait été** de bonne humeur toute la journée.

courir	j'	avais	couru		nous	avions	couru
	tu	avais	couru		vous	aviez	couru
	elle	avait	couru		ils	avaient	couru
tomber	j'	étais	tombé(e)		nous	étions	tombé(e)s
	tu	étais	tombé(e)		vous	étiez	tombé(e)s
	elle	était	tombée		ils	étaient	tombés

Verbes conjugués avec avoir				avec être	
agir	demander	étudier	punir	advenir	retomber
attacher	essayer	faiblir	remuer	intervenir	retourner
conseiller	établir	jouer	tondre	ressortir	sortir
défendre	étendre	mordre	vendre	rester	tomber

EXERCICES

629 **Écris les participes passés des verbes de la liste ci-dessus.**
Exemple : agir → agi ; attacher → ...

630 **Conjugue au plus-que-parfait.**

fermer la porte
aller à la gare
vernir un meuble
entrer en classe
intervenir à temps

réussir son dessin
avoir froid
repeindre la maison
sortir tous les soirs
croire cette histoire

nettoyer le couloir
arriver en retard
entendre du bruit
partir en voyage
suivre le parcours

631 Écris les verbes entre parenthèses au plus-que-parfait.
J'(chercher) la solution la meilleure. — Tu (déboucher) le lavabo. — Le soleil (éblouir) l'automobiliste. — Il (avoir) un nouvel instituteur. — Il (être) en retard de quelques minutes. — Nous (décrocher) les tableaux. — Vous (attacher) le chien. — Les cantonniers (déblayer) les trottoirs. — Les souris (ronger) les fils électriques. — Le chanteur (enregistrer) son premier disque.

632 Écris les verbes entre parenthèses au plus-que-parfait.
Le médecin (accorder) un congé au malade. — Nous (regarder) des albums. — Vous (démonter) le petit moteur de la voiture électrique. — Tu (perdre) ton bonnet et tes gants. — Ses cheveux (blanchir) en quelques mois. — L'immense cheminée de l'usine (enlaidir) le paysage. — Les grappes (mûrir) au soleil d'été. — Nous (avoir) de la peine à retrouver notre chemin.

633 Écris les verbes entre parenthèses au plus-que-parfait.
Nous (aller) au cirque et nous (rire). — Les hirondelles (partir) pour des pays chauds. — Ils (aller) à la piscine. — Vous (aller) à la montagne. — Nous (revenir) sans prévenir personne. — Ils (jouer) sur la pelouse du stade municipal. — La pluie (coucher) les blés. — Tu (croiser) tes skis et tu (tomber) assise dans la neige. — J'(aider) un aveugle à traverser la rue. — Nous (accompagner) nos amis à la gare.

634 Écris les verbes entre parenthèses au passé composé, puis au plus-que-parfait.
Les chiens (aboyer) toute la nuit. — La pluie (tomber) sans arrêt. — Les enfants (passer) une bonne journée. — Tu (réciter) une fable de La Fontaine. — Nous (entendre) le ronflement du moteur. — Vous (chercher) la sortie de secours. — J'(coudre) un numéro sur mon maillot. — Solène (louer) une planche à voile. — L'avant-centre (profiter) d'une erreur des défenseurs pour marquer le premier but. — L'esclavage (enrichir) les négriers mais (provoquer) des millions de morts.

635 Écris les verbes à la 3ᵉ personne du pluriel du passé composé et du plus-que-parfait.
gagner le gros lot	lever le bras	vendre des légumes
garnir le panier	arriver devant le guichet	brouter l'herbe
adorer cette émission	soupirer de satisfaction	présenter des excuses

636 Écris un texte où tu emploieras ces verbes au passé composé.
regarder — essayer — partir — défendre — punir — remarquer.

637 Vocabulaire à retenir
le rallye — l'incendie — le génie
le parcours — le discours — le concours

Le passé antérieur de l'indicatif

Lorsque la chèvre **eut disparu**,
monsieur Seguin **fut** bien triste.

RÈGLES

1. Le passé antérieur est formé du passé simple de l'auxiliaire
(**avoir** ou **être**) et du participe passé du verbe conjugué :
Elle **eut** dispar**u** (verbe disparaître) ; il **fut** tomb**é** (verbe tomber).

2. Le participe passé employé avec **être** s'accorde en genre et en nombre
avec le sujet du verbe : Elle fut tomb**ée** ; ils furent tomb**és**.

3. Le participe passé employé avec **avoir** ne s'accorde jamais avec
le sujet du verbe : Elle eut dispar**u** ; ils eurent dispar**u**.

4. Être et avoir se conjuguent avec **avoir** au passé antérieur.
J'**eus eu** de la chance. Il **eut été** de bonne humeur toute la journée.

courir	j'	eus	cour**u**		nous	eûmes	cour**u**
	tu	eus	cour**u**		vous	eûtes	cour**u**
	elle	eut	cour**u**		elles	eurent	cour**u**
tomber	je	fus	tomb**é(e)**		nous	fûmes	tomb**é(e)s**
	tu	fus	tomb**é(e)**		vous	fûtes	tomb**é(e)s**
	il	fut	tomb**é**		ils	furent	tomb**és**

Verbes conjugués avec avoir				avec être	
attendre	flâner	grossir	suspendre	décéder	redescendre
avouer	former	manger	tordre	descendre	remonter
deviner	fournir	munir	tondre	devenir	rentrer
distribuer	gémir	répondre	vendre	monter	repartir

EXERCICES

638 Écris les verbes entre parenthèses au passé antérieur.
Lorsque la pluie (cesser), nous sortîmes. — Dès qu'ils (franchir) le pont, ils arrivèrent au village. — Quand la voiture (dépasser) le camion, elle se rabattit sur la droite. — Après qu'ils (dîner), ils allèrent se coucher. — Lorsqu'il (neiger) pendant une journée, les moniteurs préparèrent les pistes. — Dès que j'(lancer) ma ligne dans l'eau, le bouchon s'enfonça : un poisson avait mordu !

639 Écris six phrases dans lesquelles tu emploieras chacun de ces verbes au passé antérieur. Commence les phrases par Quand…
partir — finir — bêcher — casser — revenir — réfléchir.

Le futur antérieur de l'indicatif

Lorsque je **serai tombé**, j'aurai une bosse au front.

RÈGLES

1. Le futur antérieur est formé du futur simple de l'auxiliaire (**avoir** ou **être**) et du participe passé du verbe conjugué :
J'**aurai couru** (verbe courir) ; je **serai tombé** (verbe tomber).

2. Le participe passé employé avec **être** s'accorde en genre et en nombre avec le sujet du verbe : Elle sera tomb**ée** ; ils seront tomb**és**.

3. Le participe passé employé avec **avoir** ne s'accorde jamais avec le sujet du verbe : Elle aura cour**u** ; ils auront cour**u**.

4. Être et **avoir** se conjuguent avec **avoir** au passé antérieur.
J'aurai **eu** de la chance. Il aura **été** de bonne humeur.

courir	j'	aurai	couru		nous	aurons	couru
	tu	auras	couru		vous	aurez	couru
	elle	aura	couru		elles	auront	couru
tomber	je	serai	tombé(e)		nous	serons	tombé(e)s
	tu	seras	tombé(e)		vous	serez	tombé(e)s
	il	sera	tombé		ils	seront	tombés

Verbes conjugués avec avoir					
apercevoir	calculer	dessiner	perdre	siffler	tourner
avertir	choisir	entendre	répondre	soigner	tremper
bâtir	descendre	parler	réussir	souligner	voter

EXERCICES

640 Écris les participes passés des verbes de la liste ci-dessus.
Exemple : apercevoir → aperçu ; avertir → …

641 Conjugue au futur antérieur.

gonfler le ballon	arriver avant ses amis	être de retour
aller chez le dentiste	venir au stade en vélo	avoir beau temps
partir en vacances	réussir un gâteau	utiliser les freins
entrer au cinéma	tendre une corde	assaisonner la salade

642 Écris les verbes entre parenthèses au futur antérieur.
Quand vous (respirer) un peu d'air, vous fermerez la fenêtre. — Dès que tu (terminer) ton travail, tu liras un roman. — Des fleurs s'ouvriront partout,

quand le soleil (réchauffer) la terre. — Lorsque je (revenir) de l'école, nous rendrons visite à notre cousin. — Quand vous (allumer) le barbecue, vous mettrez les côtelettes sur le gril. — Aussitôt que Farid (enduire) les murs de colle, son père posera le papier peint.

643 **Écris les verbes entre parenthèses au futur antérieur.**
Dès que José (lancer) sa boule, ses adversaires la suivront des yeux avec attention. — Puisque j'(fermer) la porte à clé, je pourrai partir l'esprit tranquille. — Aussitôt que les feuilles (garnir) les branches, les oiseaux bâtiront leur nid. — Tu joueras à ta guise, quand tu (finir). — Le maître donnera un exercice d'application, quand il (expliquer) comment trouver les adjectifs. — Comme tu (aggraver) ton cas, il ne sera plus possible de te défendre.

644 **Écris les verbes entre parenthèses au futur antérieur.**
Au crépuscule, quand le merle (donner) le signal, tous les oiseaux s'arrêteront de chanter. — Le docteur rédigera son ordonnance, quand il (examiner) le malade. — J'expédierai le colis, dès que je l'(ficeler) solidement. — Lorsque les camions transportant des sacs de ciment (arriver), les ouvriers les déchargeront.

645 **Écris les verbes entre parenthèses au futur antérieur.**
Aussitôt que les pommes (tomber) dans l'herbe, vous pourrez les ramasser. — Lorsque le vainqueur (franchir) la ligne d'arrivée, les reporters tendront leur micro. — Quand les ouvriers (ranger) leurs outils, ils quitteront le chantier. — Dès que tu (graisser) la chaîne de ton vélo, elle ne grincera plus. — Lorsque la maman (changer) les couches de son bébé, elle lui donnera son biberon. — Quand vous (régler) le poste, vous écouterez votre station de radio préférée.

646 **Écris six phrases dans lesquelles tu emploieras chacun de ces verbes au futur antérieur. Commence les phrases par** Lorsque…
Exemple : partager → Lorsque j'aurai partagé le gâteau en huit, chacun en prendra un morceau.
entourer — séparer — ralentir — atterrir — obtenir — pleuvoir.

647 **Écris six phrases dans lesquelles tu emploieras chacun de ces verbes au futur antérieur. Commence les phrases par** Quand…
tracer — enregistrer — venir — vendre — apprendre — arriver.

648 **Écris un petit texte où tu utiliseras le futur antérieur.**

649 Vocabulaire à retenir
un outil, l'outillage — le fusil, la fusillade — le persil, la persillade
le transistor — le corridor — le mirador — le toréador

La forme pronominale

Après **m'être baigné**, je me suis séché.

RÈGLES

1. Un verbe à la forme pronominale se conjugue avec deux pronoms, l'un sujet, l'autre complément, désignant la même personne :
Je me baigne. **Nous nous** sommes baignés.

2. Pour les temps composés d'un verbe à la forme pronominale, on emploie toujours l'auxiliaire **être** :
Elle s'**est** baignée. Elle s'**était** baignée.
Elles se **seront** baignées.

présent			passé composé			
je	me	baigne	je	me	suis	baigné(e)
tu	te	baignes	tu	t'	es	baigné(e)
elle	se	baigne	il	s'	est	baigné
nous	nous	baignons	nous	nous	sommes	baigné(e)s
vous	vous	baignez	vous	vous	êtes	baigné(e)s
elles	se	baignent	ils	se	sont	baignés

Verbes s'employant à la forme pronominale		Verbes ne s'employant qu'à la forme pronominale	
s'appuyer	se frapper	s'accouder	s'enfuir
se battre	se lever	s'agenouiller	s'envoler
se blesser	se nourrir	s'écrouler	s'évanouir
se défendre	se perdre	s'élancer	se fier
s'ennuyer	se salir	s'emparer	se moquer

EXERCICES

650 **Écris les verbes entre parenthèses au présent de l'indicatif.**
Après le spectacle, vous (se diriger) vers la sortie. — Beaucoup de hérissons (se tuer) en traversant les routes, la nuit. — À la fin de la partie, les adversaires d'un jour (se quitter) bons amis. — Nous (se cogner) contre le mur. — En prenant ce chemin, tu (s'aventurer) dans un marais peu sûr.

651 **Écris les verbes entre parenthèses à l'imparfait de l'indicatif.**
La méchante reine du conte (se regarder) dans son miroir magique. — Autrefois, on (se moquer) des fous. — Nous (s'arrêter) devant chaque rayon pour comparer les prix. — En vacances, vous (se lever) très tard. — Sans calculatrice, je (se tromper) parfois en posant les opérations. — Les couturières (se piquer) souvent les doigts.

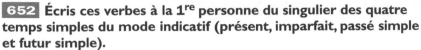

652 Écris ces verbes à la 1ʳᵉ personne du singulier des quatre temps simples du mode indicatif (présent, imparfait, passé simple et futur simple).

s'allonger sur la plage   se nourrir de légumes   se perdre dans la forêt
s'occuper de ses affaires   se protéger du soleil   se rendre à la poste

653 Conjugue les verbes de l'exercice précédent à la 2ᵉ personne du singulier des quatre temps composés du mode indicatif (passé composé, passé antérieur, plus-que-parfait et futur antérieur).

654 Écris ces verbes aux 1ʳᵉ et 3ᵉ personnes du pluriel du présent, de l'imparfait, du passé simple et du futur simple.

se blesser   se poser   se défendre   se battre   se placer
se montrer   se blottir   s'étendre   se salir   se retourner

655 Écris les verbes de l'exercice précédent à la 3ᵉ personne du pluriel du passé composé.

656 Écris les verbes entre parenthèses au passé simple.
Le corbeau (se jurer) de ne plus jamais écouter les flatteurs. — Alors que je (s'approcher) sans bruit de lui, l'oiseau (s'envoler). — Ils (se fabriquer) un jeu de cartes miniatures. — Après la douche, il (se frictionner) vigoureusement. — Les pompiers (se porter) au secours du blessé.

657 Écris les verbes entre parenthèses au futur simple.
Quand le manège (s'installer), les enfants (s'attrouper). — Vous (s'inquiéter) peut-être de ne pas me voir revenir. — La nuit (tomber) vite quand le soleil (se coucher). — Les pieds de vigne ne (s'arracher) pas facilement. — Pour aller au bal masqué, tu (s'habiller) avec soin. — Le magnétoscope (s'allumer) à l'aide d'une télécommande.

658 Écris les verbes entre parenthèses au passé composé.
Les jardiniers (couper) les roses. — Les ouvriers (se couper) avec les sécateurs. — Nos voisins (laver) leur voiture. — Les campeurs (se laver) à la rivière. — Les arbres (perdre) leurs feuilles. — Les touristes (se perdre) dans la montagne. — Les enfants curieux (s'avancer) pour mieux voir.

659 Écris six phrases dans lesquelles tu emploieras chacun de ces verbes à un temps simple de l'indicatif.
se pencher — s'ennuyer — s'appuyer — se fâcher — se trouver — se sauver.

660 Vocabulaire à retenir
le marais — le palais — le relais — le harnais
le prix — la perdrix — le choix — la noix

La forme négative

Je n'ai **pas** vu le reportage sur les chalutiers.

RÈGLES

1. Pour employer la forme négative, on encadre le verbe avec une des négations suivantes :

ne ... pas	ne ... plus	ne ... jamais
ne ... point	ne ... guère	ne ... rien.

Je **ne** regarde **pas** la télévision.

2. Pour les verbes conjugués à un temps composé, la négation encadre l'auxiliaire : Je **n'**ai **pas** vu. Je **n'**avais **pas** vu. Je **n'**étais **pas** né.

présent			passé composé		
je	**ne** regarde **pas**		je	n'ai **pas** regardé	
tu	**ne** regardes **pas**		tu	n'as **pas** regardé	
elle	**ne** regarde **pas**		il	n'a **pas** regardé	
nous	**ne** regardons **pas**		nous	n'avons **pas** regardé	
vous	**ne** regardez **pas**		vous	n'avez **pas** regardé	
ils	**ne** regardent **pas**		elles	n'ont **pas** regardé	

EXERCICES

661 **Conjugue ces verbes à la forme négative avec** ne ... pas **ou** ne ... jamais **au présent, à l'imparfait, au passé simple et au futur simple.**

bousculer ses camarades	jouer avec les allumettes	conduire vite
brutaliser les animaux	jeter les piles usagées	s'écarter des pistes

662 **Écris les phrases à la forme négative.**

La lune brillera ce soir. — Je ramassais les fruits tombés sur la pelouse. — Il a fourni l'effort nécessaire pour arriver au but. — Les chariots d'autrefois se manœuvraient facilement. — Le maire assista à l'inauguration.

663 **Écris les phrases à la forme négative. Tu conjugueras les verbes au présent de l'indicatif.**

L'autruche est un oiseau qui (ne pas voler). — Tu (ne jamais toucher) les fils électriques tombés sur le sol. — Vous parlez en espagnol et je (ne rien comprendre). — Un bon chocolat, cela (ne point se refuser). — Je (ne plus utiliser) le petit tricycle que m'a offert mon parrain.

664 Vocabulaire à retenir

le cycle, le tricycle, la bicyclette, le cyclomoteur, le cyclotouriste

La forme interrogative

As-**tu** regardé le film de mardi soir ?

RÈGLES

1. À la forme interrogative, on place le pronom sujet après le verbe (ou après l'auxiliaire, dans les temps composés) et on le relie au verbe par un trait d'union : Regardes-**tu** ? Avez-**vous** regardé ?

2. Pour éviter la rencontre de deux voyelles, on place un **t** entre deux traits d'union, après un **e** ou un **a** à la 3ᵉ personne du singulier : Regarde-**t**-elle ? Regardera-**t**-elle ? A-**t**-elle regardé ?

3. Lorsque le sujet est un nom, on place un pronom personnel de la 3ᵉ personne après le verbe :
Les enfants regardent-**ils** la télévision ?
Les enfants ont-**ils** regardé la télévision ?
À la fin de la phrase, on met un point d'interrogation (**?**).

EXERCICES

665 Écris à la forme interrogative.
Tu conjugueras les verbes au présent et à l'imparfait de l'indicatif.
avouer son erreur — apprécier la pizza — débuter la partie — chasser les papillons — remarquer les défauts — s'allonger sur l'herbe — refuser une aide — avertir les gendarmes — se rendre à la gare.

666 Écris à la forme interrogative.
Exemple : Tu manges des épinards. → Manges-tu des épinards ?
Tu chanteras la chanson. — Je jouerai au loto. — Elle balaie la chambre. — Ce médecin soigna mes parents. — Il attache son dossard. — Nous couchons sous la tente. — Vous voyagerez en autocar. — Ils passeront au CM1.

667 Écris à la forme interrogative.
Il a décidé de partir. — J'ai dépensé tout mon argent. — Les chevaux avaient mangé de l'avoine. — Les employés du téléphone plantent des poteaux. — Le grutier dirige le chantier. — Claire consolera sa petite sœur. — Dans cette eau salée, on flotte plus facilement. — Les ingénieurs travaillent avec acharnement. — Vous confierez ce secret à vos amis.

668 Vocabulaire à retenir
le dossard — le renard — le lézard — le canard — le regard
la tente (pour dormir) ; la tante et l'oncle ; je tente (verbe tenter)

101ᵉ leçon

Le présent du conditionnel

S'il faisait froid, je **prend**rais mes gants et mon bonnet.

RÈGLES

1. Au présent du conditionnel, tous les verbes prennent les mêmes terminaisons (**-ais, -ais, -ait, -ions, -iez, -aient**), toujours précédées de la lettre **r** : je prend**rais**, j'aime**rais**, je franchi**rais**.

2. Pour certains verbes, on retrouve les mêmes modifications du radical qu'au futur simple :
j'attend**rais** ; tu ver**rais** ; il i**rait** ; nous fe**rions** ; vous viend**riez** ;
ils recev**raient** ; on pour**rait**…

EXERCICES

669 Conjugue au présent du conditionnel.

cultiver des haricots	préparer une surprise	s'abriter un moment
étonner tout le monde	ménager son effort	adorer chanter à l'opéra
échanger des timbres	mélanger la salade	ranger ses affaires

670 Écris les verbes entre parenthèses au présent du conditionnel.
Si je marchais d'un bon pas, j'(arriver) à te rattraper. — Je pensais que vous (venir) nous voir. — Si tu répondais bien, tu (avancer) ton pion de trois cases. — Les champignons (pousser), s'il pleuvait un peu. — S'il avait le temps, le routier (prendre) quelques heures de repos.

671 Écris les verbes entre parenthèses au présent du conditionnel.
J'(aimer) beaucoup aller au Brésil. — Sans ses lunettes, monsieur Lapray ne (lire) pas le journal. — Si tu n'avais pas mal au genou, tu (pouvoir) jouer au rugby. — Vous (devoir) faire attention, cette rivière est très profonde. — Si nous avions un petit chien, nous l'(appeler) Tacot ou Calèche.

672 Écris les verbes entre parenthèses au présent du conditionnel.
Madame Nunès (déménager) si elle trouvait du travail à Toulouse. — J'étais sûre que vous (retrouver) vos anciens camarades avec joie.— Les marins (voir) la tempête s'arrêter avec satisfaction.

673 Écris un petit texte où tu utiliseras le conditionnel.

674 Vocabulaire à retenir
l'opéra — l'agenda — le soda — la caméra
échanger — mélanger — déranger — manger — ranger

Le présent de l'impératif

Finis ton dessert, **range** ton assiette et **prends** ton temps.

RÈGLES

1. L'impératif sert à exprimer un ordre, un conseil, une prière.
Il ne se conjugue qu'à trois personnes, sans sujets exprimés :
finis, range, prends.

2. À la 2e personne du singulier, les verbes du 1er groupe, en -er,
et quelques verbes du 3e groupe se terminent par e ; les autres
verbes se terminent par **s.**

ranger → range		finir → finis
plier → plie		prendre → prends
ouvrir → ouvre		venir → viens

3. Attention à quelques exceptions :

avoir → aie		être → sois
aller → va		savoir → sache

1er groupe	2e groupe	3e groupe
range	finis	prends
rangeons	finissons	prenons
rangez	finissez	prenez

EXERCICES

675 Conjugue au présent de l'impératif.

fermer la porte   éteindre la lumière   attendre le prochain bus

676 Écris les verbes entre parenthèses au présent de l'impératif.
(Être) francs, on appréciera votre amitié. — (Apprendre) régulièrement tes
leçons. — (Prendre) ton cachet et (boire) lentement ta tisane. — (Chercher)
l'orthographe de ce mot dans ton dictionnaire.

677 Écris les verbes entre parenthèses au présent de l'impératif.
(Boucler) votre ceinture de sécurité. — (Avaler) rapidement notre soupe. —
(Afficher) nos dessins sur le mur du couloir. — Avant de laver vos vête-
ments, (vider) bien vos poches. — (Protéger)-toi contre les coups de soleil.

678 Vocabulaire à retenir
souffler — siffler — griffer — chauffer — étouffer
rafler — enfler — gifler — gonfler

Le présent du subjonctif

Il faut que je **remplisse** le questionnaire
et que j'**attende** une réponse.

RÈGLES

1. Les personnes du subjonctif sont toujours précédées
de la conjonction **que** : **que** je remplisse, **que** j'attende.

2. Au présent du subjonctif, tous les verbes prennent les mêmes
terminaisons (-e, -es, -e, -ions, -iez, -ent) :
que je coupe, que je remplisse, que j'attende.

Exceptions :

avoir	que j'	aie	que nous	ayons
	que tu	aies	que vous	ayez
	qu' elle	aie	qu' elles	aient
être	que je	sois	que nous	soyons
	que tu	sois	que vous	soyez
	qu' il	soit	qu' ils	soient

EXERCICES

679 **Conjugue au présent du subjonctif.**
Exemple : Il faut que je recule. Il faut que tu recules…
sauter dans l'eau   payer la note   ouvrir la fenêtre
maigrir un peu   emporter un parapluie   boire un peu

680 **Écris les verbes entre parenthèses au présent du subjonctif.**
Il faut qu'ils (rentrer) de bonne heure. — Il faut que nous (vider) la poubelle. — Il faut que tu (préparer) ta planche à roulettes. — Il faut que les convives (se servir) eux-mêmes au buffet. — Il faut que la purée (refroidir) avant que je (pouvoir) la manger.

681 **Écris les verbes entre parenthèses au présent du subjonctif.**
Il faut que nous (faire) un détour pour éviter les travaux. — Il faut qu'il (pleuvoir), sinon les prés vont jaunir. — Il faut que vous (freiner) au feu rouge. — Il ne faut pas que les enfants (gaspiller) la nourriture. — Il faut que tu (écrire) à ton correspondant. — Il ne faut pas que je (perdre) le numéro de téléphone du bureau où travaille ma mère.

682 Vocabulaire à retenir
le travail, les travaux, travailler — un tour, un détour, le retour, le contour

683 Complète les phrases avec le verbe avoir **au présent de l'indicatif.**

Tu ... une paire de skis. — Nous ... des amis. — J'... un cartable en cuir. — La voiture ... des pneus neufs. — Vous ... des gants. — Il ... une pomme. — Les girafes ... un long cou. — Tu ... froid. — Elles ... de la chance.

684 Complète par le verbe être **ou le verbe** avoir **au présent de l'indicatif.**

Les corbeaux ... le plumage lustré. — J' ... une bonne note. — Tu ... faim. — Nous ... de la bonne volonté. — Nous ... à table. — Je ... de ton avis. — Le pianiste ... les doigts agiles. — Le couteau ... dans son étui. — Vous ... en panne. — Tu ... dans ta chambre. — Les terrassiers ... à pied d'œuvre.

685 Écris les verbes entre parenthèses au présent de l'indicatif.

L'épagneul (aboyer). — L'automobiliste (appuyer) sur l'accélérateur. — Tu (tutoyer) ton camarade. — Nous (envoyer) le bon de commande. — De nombreux bibelots (égayer) le salon. — Vous (essuyer) vos lunettes. — La vue du cobra (effrayer) les touristes. — Je (nettoyer) ma bicyclette.

686 Écris les verbes entre parenthèses au présent de l'indicatif.

Tu (attendre) une réponse. — Je (comprendre) la leçon. — Le campeur (tendre) la toile de sa tente. — Nous (descendre) au fond du gouffre de Padirac. — Vous (suspendre) le lustre. — Je (perdre) des points. — Tu (répondre) au téléphone. — La graisse (fondre) dans la poêle. — Les guirlandes électriques (pendre) dans les rues.

687 Écris les verbes entre parenthèses au présent de l'indicatif.

Vous (prendre) un bain. — Les promeneurs (s'asseoir) au soleil. — La nuit, les hiboux (voir) comme en plein jour. — Tes compliments me (aller) droit au cœur. — L'avion (permettre) des voyages rapides. — Le gâteau aux amandes (cuire) dans le four. — En prenant ce raccourci, je (mettre) dix minutes de moins pour aller à l'école. — Vous (pouvoir) apprendre à jouer du violon car vous le (vouloir) passionnément.

688 Écris trois séries de phrases avec des verbes différents à la même personne et à des temps différents.

Exemple : Hier, tu frottais le carrelage. Aujourd'hui, tu laves la cuisine. Demain, tu brosseras les tapis.

689 Conjugue au présent et à l'imparfait de l'indicatif.

ficeler et renvoyer le colis à son expéditeur — niveler la terre et trier les cailloux — écailler le poisson et le jeter dans la friture — être en bonne santé et avoir bonne mine — copier la leçon, l'apprendre et la réciter — monter la tente et camper.

Révision

690 Écris les verbes entre parenthèses à l'imparfait ou au présent de l'indicatif, selon le sens.

Hier, la rivière (couler) calmement, mais aujourd'hui les hors-bord (troubler) le silence. — L'an dernier, madame Claustre (rouler) en moto ; cette année, elle (préférer) prendre sa voiture. — Autrefois, nous (pêcher) des truites dans l'Albarine ; désormais, elles (chercher) des eaux plus limpides. — À mon époque, les grands-parents (raconter) des histoires aux enfants ; maintenant, les feuilletons télévisés (occuper) les soirées de la famille.

691 Écris les verbes entre parenthèses à l'imparfait de l'indicatif.

Tu (manger) avec appétit. — Vous (vendre) de vieux objets trouvés dans le grenier. — La neige (fondre) au soleil. — Les employés municipaux (jeter) du sable sur le verglas. — Les vitres de l'autocar (étinceler) au soleil de midi. — Les chiens (aboyer) lorsque des inconnus s'(approcher) de la maison. — Le maçon (percer) le mur pour installer des tuyaux. — Nous (colorier) les cases vides en bleu. — Nous (enfoncer) des clous à l'aide d'un marteau, sans nous écraser les doigts !

692 Écris les verbes entre parenthèses au présent, puis à l'imparfait de l'indicatif.

Vous (loger) sous les toits. — Nous (renoncer) à prendre des congés cette année. — Vous (plonger) du tremplin de cinq mètres. — Le cerf-volant (se balancer) lorsque tu (tirer) sur la ficelle. — Tu (empaqueter) un cadeau pour ta cousine. — Je (balayer) la montée d'escalier. — Vous (manier) la truelle comme un vrai maçon.

693 Emploie chacun de ces verbes, à l'imparfait de l'indicatif, dans une courte phrase.

nettoyer — plonger — crier — avancer — atteler — rejeter.

694 Écris les verbes entre parenthèses à l'imparfait de l'indicatif.

Nous (dégager) le passage. — Elles (nager) la brasse. — Le jus (figer) dans l'assiette. — Les travaux nous (obliger) à faire un détour. — Les casquettes (voltiger) au gré du vent. — Les déménageurs (décharger) le camion très rapidement. — Nous (interroger) l'employé de la SNCF. — Vous (emménager) dans un appartement neuf. — Caroline (mélanger) du bleu et du jaune pour obtenir du vert.

695 Écris les verbes entre parenthèses au présent et à l'imparfait de l'indicatif.

L'entreprise textile (fournir) du travail à toute la région. — Avec cette pommade, les petites plaies (guérir) rapidement. — La voiture de course (surgir) ; les spectateurs qui (garnir) les tribunes (frémir). — Je (salir) les manches de ma veste. — Le soleil (resplendir) dans le ciel bleu. — Les agriculteurs (bénir) l'arrivée de la pluie. — Tu (avertir) l'instituteur de ton prochain départ.

696 Conjugue au présent, à l'imparfait et au passé simple.

être patient et avoir de bons résultats — effacer le tableau puis tracer un dessin — prendre des ciseaux et couper du carton — manger des cerises et jeter les noyaux — connaître un air et le jouer.

697 Écris les verbes entre parenthèses au passé simple.

Ils (étiqueter) tous les produits du rayon « quincaillerie ». — Nous (risquer) un œil par le trou de la serrure. — Après la séance de travaux manuels, ils (balayer) les papiers. — La sonnerie (annoncer) la fin des cours. — Les aigles et les vautours (déployer) leurs ailes. — Tu (jeter) une pierre dans le gouffre pour en mesurer la profondeur. — J'(admirer) la façon dont Jessy jouait du violon.

698 Écris les verbes à la 3ᵉ personne du singulier, puis à la 3ᵉ personne du pluriel du passé simple.

aimer ce film	partir confiant	casser sa tirelire
finir sa glace	ranger ses affaires	écouter la radio
écarter le rideau	éclairer le couloir	déranger les voisins

699 Écris les verbes entre parenthèses au passé simple.

Je (décharger) le coffre de la voiture. — Tu (corriger) ton texte. — Il (dîner) rapidement. — Le libraire (décorer) la vitrine. — Tu (oublier) l'heure. Les convives (vider) leur verre lentement. — Fatigués, les concurrents (trottiner) à la fin du parcours. — Les hirondelles (s'envoler) et (disparaître).

700 Écris les verbes entre parenthèses au passé simple.

Les baigneurs (s'étendre) sur le sable. — Le kayak (fendre) les flots. — Tu (défendre) tes amis. — Ils (descendre) jouer sur la place du quartier. — Les coureurs (reprendre) leur souffle après la course. — La neige (fondre) au soleil. — Ils (rendre) la liberté à l'oiseau. — Les canes (pondre) de gros œufs verdâtres.

701 Écris les verbes entre parenthèses au passé simple.

Je (salir) mon short. — Tu (faire) la queue dix minutes au guichet. — Elle (prendre) le temps de tout nous expliquer et nous (comprendre) pourquoi il y avait une erreur. — L'enfant (rougir) de plaisir. — Il (sortir) les mains dans les poches. — Les ouvriers (remplir) le silo à grains. — Les boulangers (pétrir) la pâte.

702 Écris les verbes entre parenthèses au présent et à l'imparfait de l'indicatif, puis au passé simple.

Je (déboucher) la bouteille. — Un inconnu (frapper) à la porte. — Tu (couper) une tranche de jambon. — J'(entendre) le hurlement de la sirène. — Distraits, nous (manquer) la sortie de l'autoroute. — Une exposition de voitures neuves (se tenir) sur le parking de la salle des fêtes. — Tu (ajouter) de l'eau à ton sirop de grenadine. — Au milieu de la nuit, j'(entendre) un bruit inquiétant. — Le vigneron (tailler) sa vigne. — Les skieurs (rentrer) à la nuit tombante. — Le chat (bondir) sur le haut de l'armoire. — Nous (obéir) aux ordres de nos supérieurs. — Tu (attendre) un coup de téléphone.

703 Écris les verbes entre parenthèses au futur simple.
Vous (vérifier) votre monnaie. — Lorsque tu (être) en vacances, tu me (confier) ton hamster ; je lui (donner) à manger tous les jours. — Nous (étudier) toutes les solutions possibles. — En cas de pluie, les campeurs (se réfugier) sous l'auvent. — Tu (nouer) ta cravate. — Ces médicaments (fortifier) vos os et vos muscles.

704 Construis trois phrases renfermant chacune un verbe en -ier, en -ouer ou en -uer au futur simple.

705 Écris les verbes entre parenthèses au futur simple.
Les arbres (reverdir) au printemps. — La pommade (calmer) la douleur. — Nous (polir) les poignées des portes. — Je (finir) mon assiette de soupe. — Vous (surgir) à l'improviste. — Tu (surveiller) la hauteur de l'eau dans le seau. — Nous (remettre) chaque chose à sa place. — Cette poule (pondre) de gros œufs. — Les yeux du chat (luire) dans le noir.

706 Écris les verbes entre parenthèses à l'imparfait de l'indicatif et au futur simple.
Les écureuils (amasser) des provisions pour l'hiver. — Nous (aiguiser) les couteaux. — Les voitures (éclabousser) les passants. — Vous (parler) à voix basse. — Tu (remuer) la pâte à crêpes. — Les moineaux (hérisser) leurs plumes. — Au restaurant scolaire, les enfants (manger) de bon appétit. — L'aile volante (planer) longtemps avant de se poser dans le pré.

707 Écris les verbes entre parenthèses au présent de l'indicatif et au futur simple.
Le soleil (flamboyer) dans le ciel méditerranéen. — Après le passage du lion, les gazelles (boire) dans la mare. — Vous vous (appuyer) sur une canne. — Nous nous (instruire) en consultant ce livre documentaire. — Tu (oublier) ton survêtement. — J'(étendre) les rideaux pour les faire sécher. — Vous vous (amuser) au parc d'attractions. — Denis Curinier (représenter) la France aux Jeux olympiques.

708 Écris les verbes entre parenthèses au futur simple.
Pour mettre le magnétophone en marche, vous (appuyer) sur le bouton noir. — Dans dix ans, vous (conduire) peut-être l'automobile de vos parents. — Nous (écouter) la musique. — Tu (s'assoupir) devant la télévision. — L'aviateur (sauter) en parachute. — Les enfants de madame Vessot (aller) en centre de vacances.

709 **Écris les verbes entre parenthèses au passé composé.**

Nous (terminer) la réparation. — Le blé (germer). — Vous (dîner) de bon appétit. — Les trains (ne pas dérailler) souvent. — Nous (entendre) l'orage. — Les spectateurs (applaudir). — Les clients (arriver) devant le guichet. — Ils (pâlir) à la vue du sang. — Tu (hacher) les oignons avant de les mettre dans la poêle. — J'(aider) Janique à descendre l'escalier parce qu'elle a la jambe dans le plâtre. — Napoléon (naître) en Corse.

710 **Écris les verbes entre parenthèses au plus-que-parfait.**

Les voitures (accélérer) dans la ligne droite. — J'(changer) les roues de mes patins. — Nous (écouter) avec attention. — Vous (pleurer) de joie. — Tu (ôter) ton casque. — Les chiens (grogner). — Les gymnastes (tomber). — J'(fredonner) un air entraînant. — Les écoliers (recevoir) une lettre de leurs correspondants.

711 **Écris les verbes entre parenthèses au passé antérieur.**

Lorsqu'ils (lire) le livre, ils le prêtèrent à leurs camarades. — Dès qu'il (embrasser) ses parents, il se coucha. — Quand tu (laver) les carottes, tu les mis dans la soupe. — Quand la neige (fondre), les voitures circulèrent normalement. — Quand tu (rentrer) l'auto, tu fermas le garage. — Lorsque nous (plier) notre tente, nous partîmes en randonnée.

712 **Écris les verbes entre parenthèses au futur antérieur.**

Quand la maison (retrouver) le calme, le bébé pourra s'endormir. — Lorsque tu (mesurer) le rideau, tu le couperas. — Les joueurs pourront se doucher quand ils (finir) leur entraînement. — Lorsque les portes (se refermer), la séance débutera. — Dès que j'(acheter) le journal, je ferai les mots croisés. — Quand vous nous (proposer) un échange équitable, nous accepterons.

713 **Écris les verbes entre parenthèses au présent de l'indicatif puis au passé composé.**

Des fumées (s'élever) des toits du village perdu dans la montagne. — Tu (se pencher) à la fenêtre. — Ils (s'ennuyer) d'être loin de leurs parents. — Les perdrix (s'envoler) à l'approche du chasseur. — Ces sacs en papier (se déchirer) trop rapidement. — Les melons (se cultiver) surtout en Provence.

714 **Écris à la forme négative.**

Je cours vite. — Tu penses à l'avenir. — La télévision tombe en panne. — Les écoliers sont attentifs. — J'ai couvert mes livres. — Il a ciré ses souliers. — Madame Florent a repris son travail.

715 **Écris à la forme interrogative.**

Tu as perdu les clés du cadenas. — Les vitres sont teintées. — Nous avons assez de pain pour ce soir. — Ils ont relu leur texte. — Il a corrigé ses fautes. — Vous marquez un but. — La fusée s'approche de la Lune.

716 Écris les verbes entre parenthèses au présent du conditionnel.
Si je trouvais le dernier mot de quatre lettres, j'(achever) les mots croisés.
— À la rigueur, nous (tolérer) un peu de désordre, mais là vous exagérez vraiment. — S'ils en avaient l'autorisation, beaucoup de supermarché (ouvrir) le dimanche. — Si tu prenais une pêche melba, nous (comprendre) immédiatement que tu es gourmand ! — Si vous étiez moins bavard, Margaux vous (confier) peut-être son secret. — Heureusement que tu n'as pas d'appareil dentaire sinon tu (écorcher) tous les mots.

717 Écris les verbes entre parenthèses au présent de l'impératif.
(Écouter) tes parents, (obéir)-leur. — (Garnir) le plat avec du persil, vous verrez que c'est meilleur ! — (Avoir) du courage si le médecin te fait une piqûre. — (Acheter) des fleurs pour notre maman. — (Dire)-nous votre âge. — Comme il fait chaud, (changer) ton tee-shirt. — Pour ne pas rater tes photos, (appuyer) doucement sur le déclencheur. — (Faire) des provisions pour l'hiver et (remplir) vos placards. — (Savoir) que tu auras toujours besoin d'un ami.

718 Écris les verbes entre parenthèses au présent du subjonctif.
Il faut que je (remplir) d'eau le vase de fleurs. — Il faut que vous (garnir) le sapin de Noël. — Il faut que tu (courir) si tu veux nous rattraper. — Il y a peu de chances pour qu'Olga me (croire), et pourtant je dis la vérité. — Qu'il (prendre) le métro ou l'autobus, monsieur Chevrier doit prévoir une heure de trajet. — Jean-Baptiste n'apprécie pas du tout que tu (rire) de la couleur de sa nouvelle chemise. — Charlyne est déçue, je ne pense pas qu'elle (tenir) à rester plus longtemps.

Index

Annexe

Index

Difficultés de la langue française citées

Index

Les verbes conjugués

index *(des verbes conjugués)*

Vocabulaire à retenir

l'abandon
abandonner
l'abonnement
abonner
accabler
accepter
accompagner
accomplir
accorder
accuser
acheter
l'acteur
un adieu
admettre
l'admirateur
l'affaire
l'agenda
l'aîné
l'allumette
l'allure
l'amitié
l'animal
l'année
l'anniversaire
annuel
l'antenne
l'apéritif
apparaître
l'appartement
appeler
appétissant
l'appétit
l'appréciation
apprécier
apprendre
appuyer
l'argent
l'argenterie
arracher
l'arrêt
arrêter
arroser
l'aspirateur
attendre
l'attente
l'attention
attirer
attraper
l'autobus
l'autocar
l'automobile
l'autorail
l'autorisation
autoriser
avaler
avant
avoir faim
le bagage
la balle
le bar
le barrage
la barre
le barreau
barrer
la barrière

le basket
le bateau
le bâtiment
bâtir
la bâtisse
le bâton
battre
une bestiole
le bétail
la bête
une bêtise
la bicyclette
les bijoux
une biscotte
le bœuf
boire
le bonnet
la bonté
la botte
boueux
la bougie
le bouillon
le boulevard
le bourgeon
la boussole
la bouteille
la boutique
la boxe
boxer
le braconnier
le brouillard
brûlant
le brûlé
brûler
la brûlure
bu
la bûche
la buée
le câble
câbler
le cadeau
le cadran
le cadre
le café
la cage
le cahier
les cailloux
la caméra
la campagne
le campeur
le canapé
le canard
le capot
le car
une carotte
le carré
le carreau
le carrelage
le casier
le cauchemar
ce cavalier
la chaîne
le champ
le champagne
champêtre

le champignon
le champion
le chant
chanter
chanter en chœur
le chanteur
le charcutier
le chariot
la charrette
charrier
chasser
le chasseur
le château
chauffer
la chaussure
le cheval
le choix
la chorale
les choux
le chronométreur
le client
le cœur
se coiffer
ce collier
la colline
la colonne
le commandant
la commande
commander
le commerçant
le compas
le concours
conduire
la confiance
confiant
le congélateur
congeler
le congrès
le connaisseur
le contour
un contretemps
un convoi
copieux
la corbeille
le corridor
la couleur
courageux
le coureur
courir
la couronne
couronner
la course
la cousine
le coût
coûter
la crêpe
la crinière
la critique
cruel
la cuisine
le cycle
un danger
dangereux
le/les débris
décapsuler

le déclic
dedans
les dégâts
déguster
dehors
délicieux
la dent
le dentiste
dépaysé
dépenser
déplacer
déranger
descendre
la descente
le détail
un détour
devant
le diamant
la différence
différent
le discours
la discussion
discuter
disparaître
la division
le document
le dollar
le dommage
le dossard
le drap
le drapeau
se draper
la draperie
la durée
éblouir
échanger
s'échapper
l'écorce
l'égalité
l'élastique
l'électricité
l'électrophone
embrasser
employer
endommager
l'enfant
enfler
l'engrais
engraisser
enjamber
entendre
enterrer
entraîner
l'entraîneur
l'enveloppe
s'envoler
épais
épaisse
l'épaule
épeler
l'erreur
une escalade
un escalier
une escalope
un escargot

essayer
essuyer
l'étalage
étaler
étendre
étinceler
l'étoffe
étouffer
l'évasion
exigeant
expédier
l'explication
expliquer
l'explorateur
faire
fait
la fenêtre
la fillette
du flair
la flèche
fonctionner
fondre
fondu
le football
la force
la forêt
forger
le fossé
français
frapper
la fraternité
fredonner
fréquenter
le frisson
le froid
le front
le fruit
fruité
la fureur
furieux
la fusée
le fusil
la fusillade
le garçon
le gâteau
la gelée
le général
le génie
les genoux
gifler
le gigot
le gilet
la glace
glacial
la glacière
le glaçon
glisser
gonfler
la graisse
grandir
le gravier
la gravure
griffer
la grippe
le guichet

l'habit
la haine
le hameau
le hangar
le harnais
le harpon
le hasard
le héros
une heure
heureux
le hibou
les hiboux
l'histoire
l'hiver
la honte
l'horizon
l'horloge
l'hôte
l'hôtel
l'hôtelier
l'hôtellerie
l'hôtesse
l'idée
l'ignorance
ignorant
l'imprudence
imprudent
l'incendie
l'indication
indiquer
les initiales
l'innocence
innocent
l'inondation
inonder
installer
interroger
l'invasion
la jambe
le jambon
le jambonneau
le jeu
les joujoux
le journal
la journée
joyeux
les jumeaux
les jumelles
la jument
le laboratoire
le lac
laisser
le lard
la lecture
le lézard
la liberté
le lilas
la location
le logement
long
longtemps
longue
luxueux
mâcher
le maçon
un magasin
le magnétophone
le maillot

la mairie
le maïs
le maître
la malle
manger
le marais
le marché
une marmotte
la matinée
la médaille
le médicament
mélanger
la mémoire
la mesure
le métal
le métro
mettre
le micro
le milieu
les miettes
une minute
le mirador
se moquer
mordre
la mosaïque
la moto
le mouchoir
naïf
la natte
naturel
la neige
nettoyer
le nez
la noisette
la noix
la nourrice
nourrir
nourrissant
la nourriture
le numéro
l'objectif
l'observatoire
l'oncle
l'opéra
l'orage
l'orange
l'ordinateur
oublier
un outil
l'outillage
ouvert
l'ouvrier
ouvrir
la page
la paille
la paix
le palais
pâlir
paraître
le parcours
parfois
la partie
partir
la passion
passionnant
passionner
le pâté
la patience

la paupière
le pavillon
payer
le pays
le paysage
le paysan
la peinture
pendant
perdre
la perdrix
perdu
perfectionner
permettre
le persil
la persillade
la photo
le pic
le pied
le pigeon
les pincettes
la plantation
la plante
planter
le plateau
le plâtre
plâtrer
le plâtrier
plier
le plongeon
la poignée
la poire
la politique
le pompier
le portail
le portique
le pot
la poterie
le poulet
pourtant
la poussette
pouvoir
les poux
la prairie
prendre
le présentateur
le pressing
la prévision
le printemps
pris
le prix
le progrès
projeter
promettre
se prononcer
puis
le quadrillage
quarante
le quart
le quartier
quatre
le radiateur
la radio
rafler
la rage
le rail (les rails)
le rallye
le randonneur
ranger

le rasoir
rayer
la rayure
recevoir
le record
réfléchir
le réfrigérateur
le regard
rejeter
le relais
le remplaçant
remplacer
remplir
le renard
renouveler
répandre
le repas
le répondeur
répondre
le réseau
réserver
le retour
retrousser
le réveil
la révision
la rivière
le roi
la rougeole
rougir
le rouleau
une roulotte
la rue
le rugby
le saladier
la salle
le sang
savoir
une seconde
le secours
la série
sérieux
siffler
le signal
la signature
la sirène
le soda
la sœur
le soleil
la solution
le sommeil
sonner
la sonnerie
la sonnette
sonore
la sortie
souffler
la soupière
le souterrain
le sport
le sportif
stationner
la statue
le studio
le succès
la sueur
suspendre
la suspension
le tableau

le tailleur
la tante
le téléphérique
(ou le téléférique)
le téléphone
téléphoner
le temps
la tente
tenter
la terrasse
la terre
le territoire
la tête
le thé
tondre
tordre
le toréador
le torrent
toujours
un tour
le tournoi
le trajet
la tranchée
le transistor
la trappe
le travail
travailler
le trésor
le tricycle
le trottoir
le tuyau
le vaccin
vacciner
la vaillance
vaillant
la valeur
la vallée
valoir
la vapeur
la ville
le vélo
le vendeur
vendre
la vengeance
le verglas
la vérité
le verrou
verrouiller
le vêtement
la vidéo
la vie
vieillir
la vignette
vigoureux
la villa
le village
la ville
violent
le vitrail
(les vitraux)
le vitrier
le voilier
la voisine
la volaille
vouloir
le voyage
le voyageur
la vue

Achevé d'imprimer chez Canale en septembre 1999
Dépôt légal: 6924 - 09/99 - collection n° 14
Édition 01 - 11/6118/1